Oraciones

QUE
PRODUCEN

cambios

Oraciones

QUE PRODUCEN

cambios

KIMBERLY DANIELS

CASA
CREACIÓN

Para vivir la Palabra

Para vivir la Palabra

MANTÉNGANSE ALERTA;
PERMANEZCAN FIRMES EN LA FE;
SEAN VALIENTES Y FUERTES.
—1 CORINTIOS 16:13 (NVI)

Oraciones que producen cambios por Kimberly Daniels
Publicado por Casa Creación
Miami, Fl
www.casacreacion.com
Copyright © 2009 por Casa Creación
Todos los derechos reservados

Library of Congress Control Number: 2009931870
ISBN: 978-1-59979-575-1
E-book ISBN: 978-1-61638-047-2

Desarrollo editorial: *Grupo Nivel Uno, Inc.*
Diseño interior y portada: *Grupo Nivel Uno, Inc.*

Publicado originalmente en inglés bajo el título:
    Prayers That Bring Change
    Copyright © 2009 by Kimberly Daniels
    Published by Charisma House,
    A Charisma Media Company,
    Lake Mary, FL 32746 USA
    All rights reserved.

Impreso en Estados Unidos de América

20 21 22 23 VP 10 9 8 7 6 5 4 3 2 1

Confesión para la Prosperidad del Justo

Tomado del Salmo 112

- Bendito es el hombre que teme al Señor.
- El justo se deleita grandemente en los mandamientos de Dios.
- La simiente del justo será poderosa en la tierra.
- La generación de los justos será bendita.
- Bienes y riquezas habrá en la casa del justo
- La justicia del justo permanece para siempre.
- Una luz surgirá en las tinieblas para el justo.
- El hombre de bien muestra favor y da.
- Un hombre de bien gobierna sus asuntos con discreción.

CONTENIDO

Contenido

SECCIÓN IV
ORACIONES QUE CAMBIAN EL MATRIMONIO Y LAS RELACIONES FAMILIARES

PRÓLOGO

Kimberly Daniels tiene una gracia especial para hacer oraciones poco comunes. Esto se debe a que tiene una idea poco común del campo espiritual. Este libro tiene una amplia gama de vocabulario espiritual. Muchos creyentes están limitados en su vocabulario de oración. El resultado de un limitado vocabulario espiritual será una forma limitada de intercesión. Dios desea llevar a su pueblo a nuevos niveles de oración e intercesión. El tener un lenguaje de oración fuerte es una parte vital del orar de manera más profunda y eficaz. ¡La eficaz y ferviente oración del justo sí sirve de mucho!

Este libro aumentará su vocabulario espiritual y causará que sus oraciones sirvan para producir cambios. Además, aumentará la variedad de oraciones que ya usted tiene. Hay muchos tipos de oraciones que no se hacen comúnmente. Las oraciones que Kim ha compilado en este libro, presentan una amplia variedad de diferentes tipos de oraciones. Permita que el contenido de este libro aumente su variedad de oraciones, expanda su vida de oración y mejore su lenguaje de oración.

Sinceramente, apoyo este libro e insto a las iglesias a que incorporen estas oraciones en sus ministerios. *Oraciones que producen cambios* contiene oraciones hechas a la medida que son apropiadas para casi todas las situaciones que puediese hoy enfrentar en la vida. En una época en que el mundo necesita esperanza y que las personas clamen por cambios, este libro resulta ser muy oportuno.

La Palabra del Señor declara que el hierro con hierro se afila. Mi oración es que el hierro que hay dentro de este libro afile el hierro que hay dentro de usted y le haga escribir sus propias oraciones. No hay límites en la oración, ¡y Dios se deleita en usar vasijas abiertas! Existen millones de oraciones que aún no se han orado. Conforme vaya entrando en un nuevo campo de oración, su vida de oración individual producirá muchos frutos. A medida que la gente individualmente empiece a hacer oraciones que produzcan resultados, el nivel de oración de la iglesia aumentará. Cuando el nivel de oración de la iglesia aumenta, nuestras familias, comunidades y ciudades no pueden más que influenciar de una manera positiva. El Reino de Dios será manifestado en nuestro estilo de vida cotidiano.

Usted será bendecido a medida que haga estas oraciones y las comparta con los demás. Basado en la respuesta a mi libro Oraciones que derrotan a los demonios, es fácil ver que la gente está hambrienta de oraciones. Fue un libro número uno en ventas el año pasado. Quiero personalmente agradecerles a aquellos de ustedes quienes apoyaron el proyecto de este libro. Ustedes son una parte del efecto que ha habido y sigue habiendo en la vida de oración de la gente por el mundo. ¡Shalom!

—JOHN ECKHARDT
APÓSTOL Y FUNDADOR DE
CRUSADERS MINISTRIES

Introducción
"ORACIÓN DE BENDICIÓN"
PERSONAL DE LA APÓSTOL KIM

Cuando comencé mi ministerio en 1993, tenía un hogar para muchachas involucradas con las drogas. No tenía mucho, pero Dios proveía para mis necesidades. Escribí una confesión de fe, y las mujeres del centro la declaraban cada mañana a las seis antes de iniciar sus tareas. La adicción a las drogas, la prostitución, la pobreza, los registros criminales, y todos los otros demonios que vienen con la vida callejera ataban seriamente a las mujeres. Hacían la confesión de fe que yo les daba *¡por fe!* Cuando empecé a realizar servicios congregacionales, abría todos mis servicios con la misma confesión. En ese tiempo, tenía doce miembros. Tenía una licenciatura y ganaba 8.90 dólares por hora. Nadie sabía que mi ministerio existía, y mi familia pensaba que me había vuelto loca. ¡Yo también hacía la confesión *por fe!*

Hoy en día, Dios me ha bendecido conforme a cada palabra de esa confesión, a la cual llamo mi "oración de bendición". Cuando la confesaba, el diablo trataba de hacerme pensar que estaba perdiendo el tiempo. ¡Hoy estoy firme sabiendo que el diablo es un mentiroso! Dios hizo que él se tragara sus palabras. Oro que esta confesión le bendiga de la manera en que nos bendijo a mi familia y a mí. No importa cuál sea su situación, ¡declare las cosas que no son como si fuesen, en el nombre de Jesús!

Mi oración de bendición

Soy un hijo del Rey, y heredero de Dios, y coheredero con Cristo. Soy más que vencedor por medio de Aquel que me ama. El temor no tiene lugar en mi vida, porque Dios no me ha dado espíritu de temor. Estoy confiado en que ninguna arma forjada contra mí prosperará, porque si Dios está por mí, ¿quién puede estar contra mí? Toda maldición dicha contra mí no tiene poder, porque soy bendito. Satanás no puede maldecir a quienes Dios ha bendecido. Soy bendito en mi entrada y bendito en mi salida. Mis enemigos vendrán por un camino y Dios hará que huyan por siete caminos. Todo lo que yo haga prosperará. Todos los pueblos de la tierra verán que soy llamado por el nombre del Señor. El Señor me ha hecho abundar en bienes. Soy alguien que da, no alguien que pide prestado. Soy cabeza y no cola. Estoy encima y no debajo. Estoy seguro de que ni la muerte ni la vida, ni ángeles, ni principados, ni potestades, ni lo presente, ni lo porvenir, ni lo alto ni lo profundo, ni ninguna otra cosa creada podrá separarme del amor de Dios.

Amén.

Sección I

Oraciones que cambian su vida espiritual

Oración del "Comandante de la Mañana"

¡Padre Dios, en el nombre de Jesús, me levanto temprano para declarar tu señorío!

Me coloco bajo la cobertura y unción del madrugador. ¡Hago un acuerdo con los cielos para declarar tu gloria! Señor, revélame tus misterios para traer el cielo a la tierra. Las estrellas (los ángeles jefes) se anticipan a batallar a mi favor. Mis tiempos han sido establecidos por Dios en los cielos. Declaro palabras espermáticas que harán contacto con el vientre de la mañana y la embarazarán. Al amanecer, el alba dará a luz la voluntad de Dios y la luz brillará sobre las tinieblas para sacudirlas de los cielos. Al crepúsculo, mis enemigos huirán y botines recién hallados me aguardarán a mi arribo. ¡Mi destino es inevitable!

Oh Dios, deja que mis oraciones te encuentren esta mañana. Ordeno a la mañana que abra sus oídos para mí y oiga mi clamor. Que al concebir, la oración sea como lluvia, esparcida sobre la tierra para hacer tu voluntad. Ordeno a la tierra que se aliste para recibir las instrucciones celestiales a mi favor. ¡Mis tierras están dominadas! ¡Mando a todos los elementos de la creación que presten atención y obedezcan! Mientras mi oración resuena y el día rompe, la tierra dará sus frutos para mí. ¡Declaro que la primera luz ha llegado!

Las primicias de mi mañana son santas, y el día entero será santo. Profetizo la voluntad de Dios a la mañana para que el amanecer (el alba) conozca su lugar en mis días. Decreto que la primera luz debilitará la perversidad de los cuatro puntos de la tierra. Las cuerdas (mi porción) han caído en lugares deleitosos (dulces, agradables) y tengo una herencia segura.

Estoy alineado estratégicamente con la escalera que toca el tercer cielo y se apoya en la tierra. Los ángeles están descendiendo y ascendiendo según las palabras que hablo. Todo lo que ato o desato en la tierra, ya está atado o desatado en los cielos. La revelación, la sanidad, la liberación, la salvación, la paz, el gozo, las relaciones, las finanzas y los recursos que han sido bloqueados demoníacamente ¡son desatados sobre mí ahora! Lo que está siendo soltado hacia mí es transferido a cada persona con quien me relaciono. ¡Soy contagiosamente bendecido!

Cuando le ordeno a la mañana y capturo el día, el tiempo es redimido. El pueblo de Dios ha tomado autoridad sobre la cuarta vigilia del día. Las rutas y las avenidas espirituales están siendo secuestradas para Jesús. La atmósfera de los aires sobre mi familia, mi iglesia, mi comunidad, mi ciudad, mi estado, mi nación, el mundo, y sobre mí está produciendo un nuevo clima. Este nuevo clima está construyendo una fortaleza divina en tiempo de problemas. El pensamiento de la gente está siendo propicio a los asuntos del reino de los cielos. Todo asunto demoníaco o cualquier patrón de pensamiento malvado contra el propósito del reino de los cielos es destruido desde la raíz de su concepción, ¡en el nombre de Jesús!

Me pongo de acuerdo con los santos; ¡como he sufrido violencia, lo tomo por la fuerza! Nunca más aceptaré nada que venga contra mí en mis días. Declaro que el reino ha llegado y que la voluntad de Dios será hecha en la Tierra como en el cielo. A medida que el sol se levanta hoy, que brille favorablemente sobre el pueblo y los propósitos de Dios. El destino es mi porción cada día, porque no me preocupo por el mañana. Cabalgo en las alas de la mañana en un nuevo día de victoria. Dios, tú separaste la noche y el día para declarar mis días, años y estaciones. Yo soy la luz de la tierra, y he sido separada de las tinieblas. ¡Esta luz declara mi destino!

Amén.

Oración por alineamiento divino

Padre Dios, en el nombre de Jesús, te doy gracias
por el alineamiento divino en el Espíritu.

Declaro que estoy alineado vertical y horizontalmente con la voluntad de Dios. La sangre del pacto eterno de Jesucristo me cubre. Me ha hecho perfecto en toda buena obra (He. 13:21). Estoy firme en el fundamento de Cristo. Atesoro para mí mismo un seguro caudal para el futuro y obtendré la vida verdadera (1 Ti. 6:19, NVI).

No seré llevado de aquí para allá, porque estoy madurando a diario en las cosas de Dios (Ef. 4:14). Vivo en la *rema* de Dios, y ella está activando señales, maravillas y milagros a mi alrededor constantemente. Ciertamente el bien y la misericordia me seguirán todos los días de mi vida (Sal. 23:6). Porque soy hijo de Dios, permaneceré en el camino del Señor y no me desviaré. ¡Me levantaré hasta el ascenso de Ziz! Éstas son mi época y mi lugar de plenitud. Estoy bajo el alineamiento divino de los cielos. Todas las conexiones con el segundo cielo son deshechas. Todo príncipe o gobernador que obra contra mi destino es destronado. El Señor ha ordenado a las estrellas que quiten a los enemigos de mi camino (Jue. 5:20). ¡Ninguna arma forjada contra mí prosperará!

¡Me levanto temprano, y hablo a la mañana y ordeno al alba que se alinee con mi destino (Job 38:12). La primera luz ha ordenado la voluntad de Dios para mí al romper el día. El suelo ha sido arado en el Espíritu para que las semillas de logros sean plantadas diariamente. Me propongo caminar cada día en mi destino, el destino de cada año, y finalmente, alcanzar mi destino eterno. Me pongo de acuerdo con mi ángel mensajero, y el ángel del destino para que vaya delante de mí para preparar la voluntad de Dios para mis días y quitar todo lo que quiera estorbarlo. Desde el amanecer hasta el crepúsculo, *el tiempo que me corresponde* ha sido establecido en los cielos y se manifiesta en el ámbito terrenal. Ha llegado como resultado del proceso del tiempo y ha establecido el orden de Dios para cada cita divina e intervención celestial en mis días. El lugar en el que he estado hasta ahora es demasiado pequeño para mí, y me extiendo a cada lado. ¡Declaro que tengo espacio para vivir (Is. 49:20)!

Señor, bendíceme de veras. Que no haya duda de que tú estás obrando a mi favor. La unción de lo descomunal es mi porción. Señor, tú me has traído por un largo camino, y tu mano está en todo lo que me concierne. Gracias por ensanchar mi litoral. Líbrame del mal para que mi espíritu no se entristezca ni mi alma se salga de su alineamiento.

Jesús, te alabo porque veo que el lugar de mi tienda se ensancha. Las cortinas de mi habitación se alargan, y no seré estrecho, y alargaré mis cuerdas y fortaleceré mis estacas. *Estoy* extendiéndome a cada lado, y mi simiente heredará a los gentiles y hará que sean habitadas las ciudades desoladas. No tengo temor, y no seré condenado, ni maldecido ni confundido. La vergüenza de mi pasado y el reproche de mi viudez son arrojados al mar del olvido para siempre.

Amén.

ORACIÓN POR DISCERNIMIENTO ESPIRITUAL

*Padre, gracias por el discernimiento sacerdotal,
el don de discernimiento y el discernimiento
del creyente nacido de nuevo.*

Me coloco en posición de operar en estas unciones donde se aplican a mi vida. Conéctame con las cinco funciones del ministerio que agudizarán mi discernimiento. Extraigo de la unción por la cual el hierro aguza al hierro. Renuncio a toda falsa motivación y a los espíritus de error que afectaban mi discernimiento de manera negativa. Me propongo buscar las cosas que son según el Espíritu y renuncio a las cosas que son según la carne. Declaro que la justicia de la ley se cumplirá en mí porque he renunciado a las cosas de la carne y no ando en ellas (Ro. 8.4–5) Declaro que la carnalidad es mi enemigo. Tengo una mente espiritual y renuncio a la carnalidad mortal. La mente carnal es un enemigo de Dios y también mi enemigo. Renuncio a las cosas de la carne, que no pueden agradar a Dios (Ro. 6:6–8).

Me entrego totalmente a la Palabra de Dios y al Espíritu de Dios. Crezco diariamente en las cosas de Dios y nunca me volveré adicto a la leche espiritual. Ansío la madurez de Dios. Mis facultades mentales se entrenan por la práctica para diferenciar y distinguir entre lo que es moralmente bueno y noble, y lo que es malo o contrario a la ley divina. Dios me ha ungido para ejercitarme y discernir entre lo que es luz y lo que es oscuridad (He. 5:13). Me esfuerzo para ser diestro y experimentado en la doctrina de la justicia. Estoy en conformidad con la voluntad de Dios en propósito, pensamiento y acción. Estoy calificado para hablar los oráculos de Dios (He. 5:14). Soy una oveja y no seguiré voces extrañas. Camino en la unción de *eido* ("conocer a Dios" —Juan 10:4–5). Oigo lo que Dios está diciendo, y estoy capacitado para repetirlo.

El manto de discernimiento está sobre mí. Señor, extiende tu cetro hacia mí en cada situación para que tenga sabiduría y autoridad para usar lo que tú me revelas. Declaro que estoy investido del poder por Dios para ver en el ámbito espiritual. Este ámbito incluye lo que es tiniebla y lo que es luz. No temeré a lo que Dios me muestra en el ámbito de la oscuridad. Dios me ha dado poder sobre todos los poderes de las tinieblas. Él no me ha dado espíritu de cobardía, sino de poder, de amor y dominio propio.

Gracias Jesús, por las cosas que me revelas por mis cinco sentidos. Seré un buen administrador. Renuncio a las cosas con las que mi mente tratará de engañarme por medio de las fortalezas. Las echo fuera. Anuncio que mi comprensión proviene del reino del Espíritu Santo, y que cualquier tercer ojo en mi línea sanguínea (aún desde el huerto del Edén) se cierra en el nombre de Jesús. Sólo recibiré lo que es comunicado por el Espíritu Santo. Prometo operar en la integridad espiritual del discernimiento, que me prohíbe entrar en cosas que Dios no ha permitido que me sean reveladas. Me atendré a la revelación en el Espíritu Santo, porque mantendré un sano equilibrio en el discernimiento. Renuncio al hombre natural, al mundo y al diablo. Mi espíritu no puede ser influenciado por los poderes de estas fuerzas.

Señor, te agradezco por usar el discernimiento espiritual en mi vida para que sea un bien para mi familia. También permite que eso constituya una contribución para tu reino. Que la información y la revelación vengan a los santos mediante la enseñanza. Que los dones sean dados a tus santos a través de la impartición. Que los recursos lleguen a tu iglesia por medio del equipamiento. Que el discernimiento se encienda en la vida de tu pueblo por medio de la activación. Declaro que el pueblo de Dios no ignorará las estratagemas del enemigo, y detectará claramente las artimañas de la oscuridad. Oro en el nombre de Jesús.

Amén.

ORACIÓN DE PACTO PARA CONFESAR LA PALABRA

Padre Dios, gracias que tu palabra es recta
y todas tus obras son verdaderas.

Dios, gracias por el *logos*. Gracias por tu palabra expresada y hablada con interpretación. Gracias por la sana doctrina, y gracias por tu palabra *rema*. Gracias, porque me has ungido para ordenar la palabra *rema* de Dios. Ésta se hará Palabra en acción, porque mayor es Aquel que está en mí. Soy un hijo del Rey, un heredero de Dios, y coheredero con Cristo. Porque estoy en pacto con Dios y con mis hermanos y hermanas, lo que declaro sucederá.

Señor, gracias por tus crónicas. Gracias por tus mandamientos. Gracias, Espíritu Santo, por comunicarte con tu pueblo. Gracias por la asamblea del Señor. Gracias por el consejo del Señor, que produce poder, promesa, provisión y propósito. Dios, atesoro tu palabra en mi corazón. Me deleito en tu Palabra, y no me olvidaré de ella. Guardaré tu Palabra oyéndola, recibiéndola, amándola y obedeciéndola.

Señor, abre mis ojos y miraré las grandezas y las maravillas de tu amor. No escondas de mí tus mandamientos, porque por amor a tu nombre guardo tus mandamientos, y no son gravosos para mi alma. Mi ayuda y consuelo en la aflicción es que tu Palabra me revive y me da vida. La aflicción me ayuda a aprender tus estatutos. Dios, la aflicción es buena para mi alma.

Para siempre, Señor, tu Palabra permanece en los cielos. Mi destino se relaciona con eso. Tu Palabra es lámpara a mis pies y luz a mi camino. Ordena mis pasos, oh Señor, con tu Palabra, y ninguna iniquidad se enseñoree de mí. Hago un pacto con la Palabra de Dios, y rompo todo pacto con la muerte, el infierno y la tumba. Esto no es sólo para mí, sino para mis generaciones futuras. Mi pacto con la Palabra se prolonga hasta mil generaciones. Los hijos de los hijos de mis hijos tendrán pacto con la Palabra de Dios. Y para todos mis parientes sanguíneos que todavía viven, mi pacto con la Palabra retrocede. Retrocede en mi línea sanguínea. Retrocede en mis generaciones, rompiendo todas las maldiciones generacionales, salvando a mi bisabuela y mi bisabuelo, salvando a mi madre y a mi padre, salvando a mis tías, y a mis tíos, mis primos, mis parientes políticos, y a todos los que están relacionados con mi línea sanguínea. Mi pacto con la Palabra está bendiciendo a quienes están en mi familia como Labán fue bendecido cuando el hombre de Dios estuvo en su presencia.

Señor, gracias porque tu Palabra es pura. Tu Palabra es probada y refinada. Tu siervo soy, y la amo. Amo tu Palabra. De desayuno, almuerzo y cena, como tu Palabra. Oro en el nombre de Jesús.

Amén.

ORACIÓN PARA ROMPER LA FALTA DE ORACIÓN Y LA NEGLIGENCIA ESPIRITUAL

Padre Dios, en el nombre de Jesús cierro toda puerta demoníaca que se ha abierto para estorbar mi vida de oración.

Ato las preocupaciones del mundo y el orgullo de la vida. Leviatán es atado de mi cuello, y Behemot no tiene lugar en mis lomos. El orgullo y el engaño son mis enemigos y no mis amigos. Rompo todo pacto de oscuridad que se haya establecido contra el llamado de Dios en mi vida. Soy liberado de toda cosa pecaminosa que se deslizaba por los corredores de mi vida espiritual.

Renuncio a todas las ataduras del alma que distraían mi mente de mi tarea de oración. Ato todas las distracciones financieras, emocionales, físicas, relacionales y profesionales contra mi tiempo privado con Dios y mi tarea de oración en el muro. Renuncio a cualquier hechicería o forma de manipulación que se haya infiltrado en mi vida espiritual. Es atado el espíritu de enfermedad, el espíritu de sueño, el espíritu de indolencia, el espíritu de desesperanza, de codicia y de egoísmo; son atados y quitados de mí para siempre. Soy incitado por el Espíritu del Dios Altísimo a ayunar, vigilar y orar, a estudiar la Palabra y hacer guerra espiritual en el nombre de Jesús.

La disciplina espiritual del Señor es mi porción. Las cuerdas del Espíritu han caído sobre mí para estar firme en la brecha. Tomo mi lugar y mi posición en el muro. Maldigo los espíritus de Sanbalat y Tobías. Y declaro que no descenderé del muro. ¡Estoy haciendo una gran obra para el Señor!

Señor, muéstrame cualquier persona, lugar o cosa que hayan sido puestos estratégicamente en mi camino para cegar mis ojos, cerrar mis oídos y cerrar mi boca en el Espíritu. Aplico la sangre de Jesús sobre mis ojos, mis oídos y mi boca. Serán usados por Dios en esta hora. Renuncio a la idolatría abierta y subliminal que pudiera estar afectándome. No soy mío, y no me apoyo en mi propio entendimiento. Mi vida espiritual es próspera, y ninguna cosa buena me será quitada.

Echo fuera de mi casa al espíritu que viene contra mi vida de oración. Toda pesadez y depresión se va de mí y de mi familia. Me visto con toda la armadura de Dios, y todo dardo de fuego del enemigo es quitado de mi mente y echado fuera de mi corazón. Mis lomos están ceñidos con la verdad, y toda mentira contra mi intercesión o relación con Dios es derrotada. Mis pies están calzados con el apresto del evangelio de la paz. Llevo la unción de la intercesión en mi vientre. En una mano tengo la espada del Espíritu y en la otra el escudo de la fe. La Palabra de Dios está cercana a mí, y decretaré y declararé los oráculos de Dios ante los hombres y detrás de las puertas cerradas. La Palabra de Dios irá de *logos* a *rema* mientras la declaro en oración. Las cosas que digo en oración se arraigarán y harán lo que el Señor les ha ordenado por medio de mi boca.

Señor, gracias por ayudarme a orar oraciones que producen resultados y son de mucho provecho. Toda la creación espera la manifestación de los hijos y las hijas de Dios. No dejaré a la creación esperando. Fui creado para tener una relación personal con Dios, para estar en la brecha, para estar en el muro y formar la cobertura. Me doy cuenta de que mis oraciones pueden cambiar mi familia, mi ciudad y mi nación. Soy consciente de que las almas pueden perderse si no soy obediente en oración. No perderé el llamado de Dios en mi vida, y me arrepiento por ceder a la carne para que sea perezosa en la oración. Desde este momento en adelante, rindo y someto mi vida de oración al Espíritu Santo.

Amén.

Oración contra el espíritu de codicia

Padre, gracias que tú eres Jehová-Jireh, mi proveedor. Renuncio a los espíritus de gula y lujuria y a cualquier otro espíritu que hiciera que yo codiciara.

Estoy agradecido por mi porción. Tengo establecido en mi alma que lo que Jesús tiene para mí…¡es para mí! Renuncio al espíritu de no ser menos que los demás. Decreto que la buena mayordomía es mi porción. No gastaré lo que no tengo. Renuncio al hombre fuerte de la deuda. Renuncio a toda adicción al crédito y declaro que soy alguien que presta y no quien toma prestado. Señor, gracias por darme maneras de cuidar que mi situación financiera no me agobie con cargas de préstamos que devengan intereses. ¡Soy alérgico al interés! El sistema de hipotecas, las compañías de tarjetas de crédito, el mercado bursátil y las reglas de los planes de retiro no tienen autoridad sobre mi destino financiero. Estas instituciones tienen el lugar adecuado en mi vida. El espíritu de mamón está bajo mis pies. Jesús es mi fuente y mi principal consejero financiero. Me comprometo a no vivir por encima de mis medios, y confieso que no debo a ningún hombre nada sino el amarlo. No seré hermano de un gran disipador. Las polillas de la noche no devorarán mis ingresos, porque tengo motivaciones puras en mi prosperidad. Mi vientre no es mi Dios, sino que está lleno de los tesoros escondidos del Señor.

No codiciaré, porque estoy lleno de propósito y satisfecho con la dulce comunión con mi Señor. No codiciaré, porque amo a mi prójimo. Este amor demanda que no codicie lo que pertenece a otro hombre. Señor, gracias por la piedad acompañada de contentamiento. Tu Palabra me ha dado una sensación de satisfacción interior mientras tengo comunión con tu Espíritu Santo. Tengo una autosatisfacción interna que no puede ser afectada o influenciada por mi entorno. La gran abundancia es inevitable en cada área de mi vida. He buscado primero las cosas del reino de Dios, y todas mis necesidades son satisfechas. Rehúso poner mi esperanza en las riquezas inciertas y no en Dios. Dios me provee rica e incesantemente de todo para que lo disfrute. Me comprometo a hacer el bien, y ser rico en buenas obras, ser liberal y generoso de corazón, y ser pronto para compartir con los demás. Debido a mi liberalidad, preparo para mí mismo riquezas que duran para siempre como buen fundamento para mi futuro. Me asiré de lo que en verdad es vida.

Padre, gracias por el contentamiento establecido en mi alma. Este contentamiento permite en mi vida que Dios me lleve a nuevos niveles en Él. Tengo el contentamiento que debilita mi mente y hace que mi carne muera para que mi espíritu pueda rendirse a Dios. Por el Espíritu de Dios, sé tener abundancia y sé humillarme. Sé satisfacerme a mí mismo sin egoísmo, y como resultado, mi alma no se preocupa por la falta de bienes. Tengo satisfacción que agudiza mi discernimiento para tener un oído para oír a Dios.

Porque no codicio, puedo oír claramente la voz de Dios con respecto a lo que Él tiene para mí. Declaro que *lo que* Dios tiene para mí...¡es para mí! Decreto que no hay situación económica que puede atar mi prosperidad, en el nombre de Jesús. Fluyo en la unción de la economía de Dios. Estaré dispuesto y obediente hacia las cosas del Señor y comeré del bien de la tierra. Declaro que estoy lleno, porque mi estómago espiritual no ha sido estrechado por los cuidados de este mundo. No hay lugar en mi vientre para la codicia. Estoy satisfecho con mi suerte en la vida, y desato esta satisfacción a través de todas mis generaciones. Los hijos de mis hijos no codiciarán las cosas de los ricos y famosos, sino que vivirán vidas agradables al Señor y experimentarán la grosura de eso. Señor, te agradezco que estoy tan lleno de contentamiento que tu gozo rebosa a través de mi alma. Este gozo hace que sea imposible que yo codicie. Me afirmo en esta verdad, en el nombre de Jesús.

Amén.

ORACIÓN PARA QUEBRAR EL ESPÍRITU DE TRAICIÓN

Gracias, Señor, por liberarme de mis enemigos.

El espíritu de Judas cuelga de un árbol en el Espíritu, en el nombre de Jesús. Ato la bolsa de Judas que acarrea muerte a las relaciones, traición, envidia, celos, conflictos y codicia. El puñal del demonio desatado para acuchillar la unción de Dios por la espalda es quebrado. Envío confusión al espíritu que da auxilio o información a los enemigos pode-rosos en contra de mi propósito. Aplico la sangre de Jesús sobre cada relación traicionera, violación de confianza, falsa alianza, amistad de medio tiempo o ruptura de pacto hecha contra mí. Quiebro el poder de toda hechicería para incluir alianzas de pulpos contra mi mente, espíritus de cangrejos que derriban y oprimen o conjuros que aprisionan y causan confusión.

Decreto que mis pies están ungidos como los pies de Jesús antes de que enfrentara el ataque de Judas. Ninguna arma forjada contra mí prosperará. Toda confederación y conspiración malvada reunida contra mí detrás de las puertas de las tinieblas fracasará. Toda confesión negativa o decreto maligno hecho contra mí se atascará en las puertas demoníacas y nunca prevalecerá.

El espíritu de *cisma* no puede operar en mis relaciones. Todo espíritu de división será quebrado por el espíritu de comunión. Mientras aquellos con quienes Dios hace que me relacione caminan en piadosa comunión, todas las divisiones serán identificadas y quitadas a nuestro alrededor. El espíritu de *paradidomi* (traición) no nos enviará a mis asociados y a mí a prisión. La libertad y el compañerismo caminan sólidamente en nuestro campamento. Todas las relaciones a mi alrededor son limpiadas, purgadas y purificadas. Todo espíritu hiriente, murmurador, de chismes, de mentira, de astucia y de debilitamiento es atado y quitado de mí en el nombre de Jesús. Los talones de mis asociados y los míos están ungidos. No tropezaré, ni caeré ni ofenderé para no fracasar en mi propósito.

El espíritu de unidad está en mi campamento. El acuerdo es el fundamento de la visión. Declaro acuerdo que desatará la prosperidad y hará que se desaten las bendiciones de Dios. Una persona pondrá en fuga a mil demonios. Dos personas pondrán en fuga a diez mil demonios, y un cordón de tres dobleces no se rompe fácilmente. Aquellos a quienes Dios hace que se entrelacen conmigo formarán un circuito en el Espíritu para que el fluir del Espíritu Santo sea soltado en la tierra. Este fluir vendrá contra todo intento negativo del enemigo de arruinar mis relaciones y mis misiones. Las únicas traiciones que prosperarán contra mí serán las que lleven el propósito de Dios. Así como el propósito de Judas fue llevar a Jesús a la cruz, el propósito de mis enemigos fuertes será llevarme a mi destino en la vida.

Dios, gracias por conectarme con personas de ideas afines, que caminan en armonía y aman a Jesús. Gracias por la unción de estar ensamblados juntos para que el propósito de Dios nos lleve hacia el perfeccionamiento de la unción de los santos. No seré llevado de aquí para allá por todo viento de doctrina o enseñanza falsa. Hablaré la verdad en amor, y no permitiré que mis diferencias con otros nos dividan. Por el contrario, nuestras diferencias nos unirán más. Toda flecha que el enemigo ha enviado contra mis relaciones se volverá como un bumerang a los pozos del infierno. Los demonios llamados Screwtape y Wormwood no mezclarán mis palabras ni causarán malentendidos. La unidad del Espíritu es tan fuerte que cada empalme de la visión está proveyendo su parte. El incremento es mi porción, y las flechas del espíritu de traición son rotas e ineficaces para siempre.

Amén.

Oración para recuperarse del daño emocional

Padre Dios, en el nombre de Jesús, gracias porque tu paz rodea mi mente y mi espíritu.

No tengo espíritu de temor sino de poder, amor y una mente sana. Soy alguien que transporta la unción. Renuncio al peso de cargas adicionales, estrés indebido, pesar, falta de perdón, resentimiento, amargura, envidia o conflictos en mi corazón. Estas cosas son quitadas por tu yugo, que es fácil. Camino en la liberación y el alivio divino, el perdón ilimitado, la dulzura de tu gozo y el fluir del Espíritu Santo en mi vida.

Me quito la vestidura de tristeza y me visto con la vestidura de alabanza. Te doy gracias porque tú no me has llamado a luto ni a cubrirme con cenizas espirituales. Me visto con hermosura en vez de cenizas, y con óleo de gozo en vez de luto. Soy un árbol de justicia y mis raíces son profundas en el suelo de tu amor. Mi cuerpo es templo del Espíritu Santo. Puesto que estoy arraigado y afirmado en el amor de Cristo, mi templo no puede ser infiltrado por espíritus extraños que traen oscuridad a mi vida. Rechazo todo pensamiento pecaminoso para que no entre por las puertas de mi alma. Renuncio a todas las ligaduras antiguas, ligaduras de alma y fragmentos de almas. Todo sometimiento subliminal es quitado de mí y de mis generaciones, en el nombre de Jesús. Todos los espíritus que estorban, de distracción, de atracción impura, de confusión, de delirios y de doble ánimo son quitados de mi vida. Declaro que tengo la mente de Cristo: la misma mente que está en Cristo Jesús está en mí. Señor, estoy firme en tus cosas y concentrado en la meta que tú tienes para mí en la vida. Declaro la sangre de Cristo sobre mi pasado. Todas las experiencias traumáticas, los recuerdos inquietantes, las estructuras encubiertas, los secretos rigurosos, los abusos, el rechazo, los demonios que crecieron conmigo, las mentiras del enemigo, las palabras negativas habladas contra mí y los incidentes que sembraron raíces de negatividad en mi vida, son cubiertos por la sangre de Jesús y juzgados por Dios. Todo agente pecaminoso asignado contra mi bienestar espiritual, mental, emocional y físico, es echado fuera de los perímetros de mi línea sanguínea, en el nombre de Jesús. Estoy sana desde la coronilla hasta la punta de los pies. Se ordena a todo espíritu asignado mediante generación, asociación o conjuro contra mí o mi familia la anulación de cualquier misión y alianza.

Toda influencia territorial que el enemigo está tratando de hacer que persista sobre mi cabeza está bajo la sangre de Jesús. Tengo una conciencia limpia. Cuando coloco la cabeza en la almohada, tengo descanso divino y un sueño apacible. Me arrepiento de todos los pecados de los que soy consciente y de los que no recuerdo. Señor, gracias por librarme de cualquier transgresión que esté oculta en mi vida. Ato en mi vida cada Behemoth que esté desatando engaño. Quito toda cortina de humo espiritual que esté operando tras bastidores en mi vida. Dios quita toda capa de herida y dolor de mi pasado, en el nombre de Jesús.

Señor, gracias por la profunda sanidad interior de mi alma. Soy libre de las cosas que mi corazón rehúsa aceptar. Padre, pon en mi vida consejeros que me ministren disciplina, corrección y reprensión. Yo renuncio a los espíritus de obstinación en mi vida, y te doy permiso para tratar con ellos. Renuncio a toda dureza de cerviz que mantenga mi mente en esclavitud.

Señor, crea en mí un corazón limpio y un espíritu recto. Que mi hombre interior reciba y sea alimentado por tu luz para que las tinieblas no llenen mi corazón. Declaro que las palabras de mi boca y la meditación de mi corazón sean aceptables a tu presencia. Señor, tú eres mi fuerza y mi redentor.

Porque estoy libre de temor y tengo una mente sana, el hombre fuerte del temor *(Pan)* no tiene poder sobre mi vida. No sufriré ataques de pánico, ansiedad ni inquietud. Las puertas de mi mente están cerradas para el pandemonio concentrado en el centro del infierno. Las puertas del infierno no prevalecerán contra mi vida mental.

Echo toda mi ansiedad sobre ti, Jesús, porque sé que tú me amas. Te doy gracias por llenar cada lugar vacío en mi ser, de los cuales has quitado cosas tenebrosas. Estoy santificado y satisfecho con tu voluntad para mi vida. Estoy firme en la voluntad buena, agradable y perfecta de Dios para mí. La confusión está lejos de mí. Amor, paz, paciencia bondad, benignidad, fe, mansedumbre y templanza fluyen con fluidez en mi vida, porque el Espíritu Santo da testimonio a mi alma. Los dones del Espíritu acompañan al fruto del Espíritu en mi vida. Estoy firme y estable en mi llamado, y no perderé la oportunidad de ejercer el alto llamado de mi vida por causa de los ataques contra mi mente. Está establecido en los cielos para siempre. Oro en el nombre de Jesús.

Amén.

ORACIÓN POR LOS LÍDERES ESPIRITUALES

Padre, bendigo a nuestros líderes espirituales.

Tú dijiste que son hermosos los pies de los que llevan las buenas noticias. Me pongo en la brecha contra todo escándalo, mala representación, defecto, mancha y oprobio que haya venido sobre la Iglesia por la caída de líderes. Histórica y bíblicamente siempre se ha observado que hombres y mujeres de Dios han sufrido caídas. Señor, gracias porque eres un Dios paciente y misericordioso. Tú perdonas setenta veces siete. Me pongo en la brecha específicamente por los líderes que no valoran tu gracia, y siguen haciendo que la sangre esté en tu altar. Oro por los líderes que siguen obrando en pecado, a pesar de tus advertencias de amor hacia ellos. Oro por los líderes espirituales de mi nación y por los del mundo.

(Ore según lo que ocurrió en las vidas de los líderes que siguen a continuación.)

Ezequías: Padre, danos líderes que derriben los lugares altos de Estados Unidos. Que no muestren al enemigo los secretos de nuestros tesoros.

David: Padre, danos líderes conforme a tu corazón. Te doy gracias por los líderes que caminarán en piadoso dolor cuando pequen. Gracias por los líderes que reconstruirán tu tabernáculo de adoración y alabanza, y traerán de regreso el arca a la casa del Señor.

Salomón: Padre, gracias por los líderes con sabiduría. Danos ancianos que prosperen y comprendan la verdadera esencia de la vida. Dios, libera a los líderes que tú has ungido y a quienes has dado sabiduría y autoridad, y sin embargo se vuelven a la idolatría y a la perversión de los infieles.

Saúl: Dios, gracias por los líderes que te obedecerán a cualquier precio. Declaro sobre sus vidas que la obediencia es mejor que el sacrificio. Bendice a los líderes que no *deseabas*, pero *permitiste* por la elección de la gente. Que ellos lideren de una manera que sea agradable a ti para que el cetro de autoridad de su gobierno no les sea quitado de sus manos (por ti).

Josafat: Jesús, te alabo de antemano por los líderes que caminarán en genuino arrepentimiento. Mientras tu pueblo sigue adelante, danos líderes que nos lleven por la cuesta de Sis para afirmarnos y ver tu salvación.

Elías: Padre, danos líderes que no transijan. Envía líderes que probarán (traerán discernimiento en tiempos difíciles) a Israel y se pararán sobre los montes Carmelo de la actualidad para declarar tu verdad no adulterada. Dios, unge a estos líderes para que perseveren. Danos profetas que no hagan descender fuego del cielo y luego huyan de la persecución y se escondan en las cuevas.

Eliseo: Dios, danos líderes que lleven la unción de la doble porción. Envía líderes que sepan cómo servir. Gracias por los líderes que llevarán el ministerio de las señales, prodigios y milagros a otro nivel. Dios unge a estos líderes para entrenar y equipar a la próxima generación para que no se lleven su unción a la tumba.

Aod: Dios, gracias por los líderes que se enfocan al punto de poder manejar sus asignaciones en los lugares de trabajo y aun destruyen al enemigo mientras laboran. Ayuda y protege a estos líderes de los Eglones de la actualidad. Levanta hombres zurdos que no estén atascados en los paradigmas de cómo las cosas se han hecho siempre. Danos líderes que expongan la falsa prosperidad y saquen la suciedad de la iglesia.

Acab: Dios, danos líderes que no se vendan a los baales de la actualidad por causa de la economía. El padre de Acab lo dio a Jezabel en matrimonio. Ato el espíritu de Omri que vendía el alma de sus hijos en pactos impíos. Dios, gracias por el pacto generacional, por el cual los padres te servirán de todo corazón y pasarán el manto a sus hijos.

Débora: Dios, gracias por el espíritu de Débora en el país. Ordeno que las mujeres de posición y autoridad sean liberadas a sus destinos. Que ellas gobiernen, juzguen y ganen batallas para el reino en el nombre de Jesús.

Jael: Señor, gracias por las mujeres que cumplirán el llamado de Dios en sus vidas sin siquiera dejar sus hogares. Gracias por las madres solas y por las amas de casa que serán guardianas para el reino. Los enemigos que se deslicen a través de los ejércitos del Señor serán destruidos en nuestros hogares. Los Sísaras de hoy serán destruidos por la unción de las mujeres con estacas y martillos en sus manos.

Jehú: Padre, levanta Jehús en el Cuerpo de Cristo. Envía a los mensajeros a ungir a los Jehús de hoy en día para tratar la idolatría de la Iglesia. Que esta unción libere a generaciones que no toleren la hechicería de Jezabel. Que los baales del país sean destruidos por el espíritu de Jehú al cortar la cabeza (el liderazgo demoníaco), las manos (las obras de las tinieblas y del mal) y los pies (las maldiciones que han sido transmitidas de una generación a otra) de la hechicería en nuestras iglesias y nuestra nación.

Amén.

Oración del ayuno

Padre, en el nombre de Jesús, te doy gracias por permitirme comprender que diste el ayuno a tu iglesia para poder tener comunión con nosotros en un ámbito de mayor intimidad.

Cuando tú creaste a Adán y Eva, tu tiempo de comunión con ellos era lo más relevante de tus noches, y desde el tiempo de la caída has anhelado volver a tener comunión con nosotros.

Gracias por amarme con un amor que va más allá de mi capacidad de comprensión. La muerte de tu Hijo unigénito, Jesús, me da una idea de tu gran amor por mí.

Gracias por abrir mis ojos y traerme al conocimiento del verdadero significado del ayuno para los creyentes nacidos de nuevo, en el nombre de Jesús.

Te pido perdón por no ser diligente en estudiar más acerca del ayuno, en el nombre de Jesús.

Gracias por ungirme para orar. Gracias por oír mis oraciones. Gracias por urgirme para alabarte. Señor, tú habitas en las alabanzas de tu pueblo.

Señor, mi tiempo contigo es enriquecido cuando ayuno. Aprecio la revelación que recibo cuando ayuno (de la cual el enemigo está insanamente celoso). El ayuno es un fundamento sólido para mí y me acerca más a ti.

Ordeno a toda presencia demoníaca asignada a estorbar mi vida de ayuno que se aleje de mí en el nombre de Jesús. Los espíritus de avaricia, gula, distracción, la carne, codicia, mundanalidad y debilidad, son atados ¡ahora! Le ordeno a toda fuerza de oscuridad soltada para estorbar mi tiempo de ayuno y comunión contigo, oh Señor, que deje de operar, en el nombre de Jesús.

Deshago todo torniquete demoníaco que impide el fluir del conocimiento desde mi espíritu recreado hacia mi mente. Todo espíritu de pitón es deshecho. Padre, abre mi espíritu a nueva revelación en cuanto al ayuno. Quiebro en mi vida el espíritu de ignorancia, que evita que entienda el plan y el propósito de vivir una vida de ayuno. Señor, sé que ayunar me ayudará a encontrar el ritmo del latido de tu corazón. Rehúso permitir que mi carne dictamine cuándo y cómo ayunar, en el nombre de Jesús. Cuando ayune, ¡lo terminaré! Dedicaré el tiempo que el Señor me ordene para el ayuno escogido. Ato el ayunar como ceremonia religiosa como las que realizaban los fariseos. Mis ayunos estarán dedicados a los propósitos de Dios. Los demonios no pueden cruzar el perímetro de mi espacio consagrado durante mi tiempo de ayuno y oración. Dios, dame sueños, visiones y conceptos proféticos durante este tiempo de ayuno y oración. Que todo lugar de engaño en mi vida sea revelado. Que todo puente fuerte del enemigo en mi vida sea debilitado y quebrado. Los demonios de mi pasado no cruzarán hacia mi destino. Oh Señor, que el espíritu de ayuno y oración venga sobre mis generaciones para siempre.

Comprendo que la carne es más dominante cuando es alimentada. No alimentaré mi carne, sino que no le permitiré que tenga sus deseos. Confieso que el ayuno regular le da a mi espíritu recreado la capacidad de gobernar mi carne y mi mente, en el nombre de Jesús.

Padre, permite que el espíritu que tiene hambre y sed de tu presencia eclipse el hambre y la sed por la comida natural y el agua. Dios, dame la capacidad de ayunar sobrenaturalmente. Confieso que el ayuno no es por poder o fuerza sino por tu Espíritu, Señor. Declaro que, mientras tengo comunión con el Espíritu Santo (por medio del ayuno), los dones y llamados de Jesucristo fluirán libremente a través de mi ser.

La palabra de sabiduría fluirá, la palabra de ciencia fluirá, la unción profética fluirá, el espíritu de discernimiento fluirá y la virtud sanadora fluirá, en el nombre de Jesús.

Te doy gracias, Espíritu Santo, que para todo lo que deseas de mí, tú suplirás el poder para hacerlo en el nombre de Jesús.

Padre, confieso que tu poder se perfecciona en mi debilidad. Comprendo que el ayuno debilita mi cuerpo físico pero permite que mi espíritu recreado se vuelva más fuerte mientras tengo comunión con el Espíritu Santo.

Declaro que el ayunar me ayuda a presentar mi cuerpo como un sacrificio vivo. El ayuno y la oración agudizan mi concentración, de modo que puedo caminar en la voluntad de Dios, buena, agradable y perfecta. También declaro que el ayuno me ayuda a interpretar y comprender mi pacto con Dios y las palabras de la Santa Biblia. No seré engañado por espíritus de error. Cada Behemoth puesto contra mi vida es atado.

Desarmo todo plan demoníaco contra mí, y lo reemplazo con los planes del Espíritu Santo en el nombre de Jesús. Me cubro, junto con mi familia, con la sangre de Jesús. Mientras entregamos nuestro cuerpo al ayuno y a la oración, la protección y la provisión serán nuestra porción.

Cuando ayuno, le doy la bienvenida al Espíritu de Dios a mi hogar, mi lugar de trabajo, mi vecindario y mi ciudad. Señor, ayúdame a ser un testigo valeroso del evangelio, en el nombre de Jesús. Espíritu Santo, ayúdame a aprender de tu Palabra acerca del ayuno para continuar creciendo y vivir una vida como la de Cristo.

Amén.

ORACIÓN POR SANIDAD DIVINA

Padre, gracias que Jesús en el Calvario llevó
todas mis dolencias y mis enfermedades.

Gracias por permitir que tu Hijo tomara mi lugar cuando murió por mis pecados. Te alabo por enviar a tu Hijo, Jesús, quien pagó el precio por mi alma. Me comprometo a caminar en la revelación de lo que Él hizo para que yo experimente la sanidad divina.

Niego la capacidad del enemigo para enviar negatividad a mi mente acerca de mi salud. Como pienso… ¡así soy! Decreto que soy sanado, que soy sano y camino en salud sobrenatural, en el nombre de Jesús. Caminaré en la sanidad divina todos los días de mi vida. Ningún arma de dolencia ni enfermedad prosperará contra mí, y cualquier ataque contra mi salud será menor y temporal.

Padre, ayúdame a entender la importancia de hacer ejercicios regularmente. Ato los espíritus de pereza y dilación que me impiden hacer ejercicios con regularidad. La obesidad es quitada de mi línea sanguínea, y el excesivo aumento de peso no es una opción. Hablo la vida de Dios a mi espíritu, alma y cuerpo. Me comprometo a caminar en la revelación del hecho de que *mi cuerpo es templo del Espíritu Santo*. No pondré en él, ni sobre él ni alrededor de él, nada que entristezca al Espíritu Santo de Dios.

Amado Dios, ayúdame a comprender que más del 50 por ciento de mi cuerpo es agua y que debo beber de seis a ocho vasos de agua diariamente para que funcione de manera adecuada. Ato el espíritu de deshidratación, en el nombre de Jesús. Todo lo que quiera impedirme tomar agua se aleja de mí. Rehúso darle al enemigo ningún derecho a tratar de afligir mi cuerpo. Declaro que confesaré positivamente las cosas que la Palabra dice acerca de mi cuerpo. ¡Soy sano por las heridas de Jesús! Decreto y declaro que mi dieta será un instrumento para mantener la buena salud que Dios me ha prometido. Someto mi salud completamente al Espíritu Santo. Padre, libérame de los malos hábitos que comprometen mi salud. Revélame acerca de las dietas, vitaminas y ejercicios, aquellas cosas que me ayudarán a permanecer sano en el nombre de Jesús.

Renuncio a los hábitos alimenticios negativos que dificultan la buena salud. Los malos hábitos que causan hipertensión, derrame cerebral, infartos, cáncer y cualquier otro espíritu de muerte prematura, no pueden fluir en mi vida.

Tomo autoridad sobre todo espíritu de enfermedad mental, espíritus de depresión, esquizofrenia, delirios y personalidad inmadura, en el nombre de Jesús. Soy sano desde la punta de mi cabeza hasta la punta de mis pies. Vivo una vida plena según la Palabra del Señor.

Ato los espíritus que causan destrucción de los órganos internos o que atacan los órganos internos del cuerpo (como el corazón, el hígado y los riñones), y disminuyen o destruyen las funciones orgánicas normales, en el nombre de Jesús.

Ato y destruyo todo estado de enfermedad de mis ancestros y transferidos a mí genéticamente desde el vientre. Decreto y declaro que el Gran Médico tendrá la última palabra en mi estado de salud, y sólo creeré su informe.

Confieso que soy redimido de la maldición de la ley, la cual incluye enfermedad y dolencias, y confieso que vivo bajo el nuevo pacto, el cual promete prosperidad y buena salud, en el nombre de Jesús. En el nombre de Jesús anulo los efectos de las enfermedades autodestructivas, que incluyen enfermedades tales como artritis reumatoidea, lupus y SIDA. Ato todo espíritu destructivo que causaba el mal funcionamiento de mi sistema digestivo, el tracto genital/urinario (próstata, útero, ovarios, vejiga) y el colon.

Padre, prometiste que la señal de mi salvación es poner las manos sobre los enfermos y verlos recuperarse. Aumenta mi capacidad de orar por todos los que encuentre que necesiten sanidad, en el nombre de Jesús. ¡Estoy contagiosamente sano! Confieso que tengo tu favor en el área de la salud y la felicidad. Viviré más allá de los setenta, en el nombre de Jesús. Renuncio al espíritu de temor que causa preocupación, estrés y ansiedad. Eso es un factor que contribuye a muchas enfermedades crónicas y no tiene lugar en mi vida. Renuncio a *Nehushtan* (la serpiente levantada en el asta desde el tiempo de Moisés hasta Ezequías). Hoy derribo los lugares altos que pusieron el símbolo y la industria médica antes que Dios. Renuncio al espíritu de *pharmakeia* (medicina por magia). Señor, líbrame de la adicción a las medicinas, a los médicos y a los hospitales. Enséñame a creer en ti para ser sano. Señor, creo que tú creaste las medicinas y bendices las manos de los médicos, pero tú eres el sanador, el libertador y el que sustenta nuestra vida.

Amén.

ORACIÓN PARA SOLTAR ÁNGELES

Jesús, tu Palabra declara que los ángeles intervienen en la vida de los seres humanos.

Creo que los ángeles son soltados por las confesiones positivas, y los demonios, por las confesiones negativas. Padre, gracias por las huestes de los cielos que están operando a mi favor. Hazme sensible a la existencia y la presencia de los seres angelicales. Hay más ángeles obrando por mí que demonios obrando contra mí. Un tercio de los ángeles cayó con Lucifer. Esto significa que dos tercios de los ángeles de los cielos están operando a mi favor. Señor, gracias por abrir mis ojos para ver las huestes angelicales y los carros de fuego cercando mis situaciones para luchar a mi favor.

En el nombre de Jesús, suelto a los ángeles de la prosperidad a mi favor según Génesis 24:40. Porque camino delante del Señor, los ángeles del Señor harán prosperar mi camino. Señor, gracias por la intervención angelical en mis sueños. Que la misma unción que había en Jacob esté sobre mí para soñar sueños de ángeles. Padre, gracias por la escalera espiritual del Señor que viene del cielo a la tierra. Los ángeles se llevan todo lo que no necesito y traen lo que sí necesito. Estoy viviendo bajo un cielo abierto que está abierto a la intervención angelical.

Ordeno a los ángeles que tomen venganza sobre lo impío para pelear las batallas a mi favor. Mis batallas no son por poder ni por fuerza, sino por el Espíritu del Dios Altísimo. Las armas de nuestra milicia no son carnales, sino poderosas en Dios para la destrucción de fortalezas. Mientras decreto y declaro la Palabra del Señor, los ángeles serán liberados para ministrar la venganza del Señor. Clamo al capitán de las huestes para que vaya delante de mí en batalla con su espada desenvainada contra todo lo que nos dañaba, a mí y a mi familia (Jos. 5:13–14).

Padre, gracias, por el ángel del Señor que se pondrá en mi camino, si el sendero por donde transito no es agradable a ti. Así como la espada fue desenvainada contra Balaam, que la espada del Señor me impida disgustarte. Señor, gracias por el ángel del Señor liberado para darme paz y aumentar mi fe. Así como el ángel se encontró con Gedeón cuando éste se estaba escondiendo de los madianitas, para hablarle palabras de aliento, así también sean liberados los ángeles para incrementar mi fe.

Padre, gracias que tú oyes mis oraciones. Gracias porque los ángeles que son excelsos en fuerza, oyen tus respuestas a mis oraciones cuando tú les ordenas y hacen lo que tú deseas (Sal. 103:20). Bendito sea tu nombre, Señor. Los ángeles hacen lo que te agrada. Gracias por tus ángeles que velan por mí (Dn. 4:13–14). Gracias por los ángeles que has comisionado para protegerme. Cierra la boca de todo león que haya sido colocado en mi camino para devorarme (Dn. 6:22).

Señor te doy gracias por los ángeles que:

- Son enviados para responder la oración
  (Dn. 9:21–23)
- Ministran paz y aliento (Dn. 10:12; Hch. 27:23–25
- Recuerdan al pueblo de Dios el amor de Dios por
  ellos (Dn. 10:10–11)

- Entregan advertencias (Mt. 2:13)
- Siegan la cosecha del último tiempo (Mt. 13:39)
- Ministran a los niños (Mt. 18:10)
- Informan a los creyentes (Lc. 1:13–20)
- Se regocijan cuando las almas son salvadas (Lc. 15:10)
- Fortalecen a los creyentes (Lc. 22:43)

Amén.

ORACIÓN DE CONFESIÓN DEL MINISTRO

Padre, en el nombre de Jesús, presento mi cuerpo a ti como un sacrificio vivo, santo y agradable como culto racional a ti.

Como líder en el reino de Dios, tomo seriamente mi cargo para representarte a ti, al reino y a tu pueblo en todo tiempo. Me comprometo a vivir un estilo de vida de fuego santo que me separe de todo lo impuro. Señor, gracias por darme un corazón limpio y renovar en mí un espíritu recto. Abre camino en mi corazón y en mi espíritu para que pueda oírte con claridad. Que mi oído sea santo para que pueda guiar a tu pueblo según tu voluntad y tu corazón. Ayúdame a discernir tus sazones y tus tiempos para que pueda conocer el latido de tu corazón. Que venga tu reino y sea hecha tu voluntad para que tu iglesia avance y siga la guía del Espíritu Santo.

Padre, prepara mi corazón y mi mente para que no me incline a mi propio entendimiento sino que te reconozca en todos mis caminos. Dame una unción fresca cada día. Mientras me pongo toda la armadura de Dios, decreto que ninguna arma prosperará contra mi familia, mi ministerio, mi ciudad, mi país o contra mí. Hazme saber las profundas revelaciones del reino para que yo pueda ser un reparador de brechas por medio de la guerra espiritual, la intercesión y la oración. Equípame para destruir la actividad del segundo cielo y todas las obras de las tinieblas. Las puertas del infierno no prevalecerán, pues soy un devoto guardián. Guardaré las vigilias del Señor y protegeré la santidad de la visión del Señor. Me comprometo a instruir a tu pueblo para construir muros de oración. El enemigo no puede penetrar, derribar ni destruir el cerco de oración del Espíritu Santo. Renuncio al espíritu de "perro que no ladra". Sonaré la alarma en Sion cuando se acerquen los problemas. Oro que todos los líderes puedan unirse y soltar un solo sonido en el Espíritu. Declaro que no hay división, luchas, envidia, celos, contención o dureza de corazón entre tu consejo de ancianos espiritual. Estamos sanamente juntos y unidos, y proveyendo cada parte necesaria para el perfeccionamiento de los santos. Esta unidad de fe está desatando confusión en el campo del enemigo. Está destruyendo toda tarea diabólica, toda estrategia oculta maligna y todo plan malvado. Las trampas y cepos preparados para tus ovejas son desarraigados por la unción profética de Jeremías.

Padre, dame ojos espirituales para que yo pueda saber cómo navegar y maniobrar en las cosas del Espíritu. Permite que la cortina de humo del Espíritu Santo me esconda de mis enemigos para que pueda hacer la obra del Señor, sin atraer la atención. Dios, si puedes usar cualquier cosa, ¡úsame a mí! Gracias por permitirme ser un administrador de la unción. Renuncio a todo espíritu que intentaba cegar mi mente para que pensara que las grandes cosas que hago son por mí mismo. Menguo para que el Espíritu Santo pueda crecer en mi vida. Soy un siervo del Dios Altísimo, y rindo toda mi lealtad a Jesús. No hay lugar para transigir en mi vida. Entrego mi vida hasta la muerte.

De mis entrañas fluyen ríos de agua viva. Las declaraciones, los decretos y las proclamaciones que fluyen de mis labios serán establecidos en la vida de cada persona, lugar y cosa que toquen. Me afirmo en la justicia de Cristo, porque mi justicia es como trapos de inmundicia.

Señor, adiestra mis manos para la batalla, pues tú eres Dios de guerra. En ti no hay derrota. Demando de antemano toda victoria. Jesús, tú eres mi ayudador, y te agradezco porque no seré engañado, desviado o apartado de la verdad de tu Palabra. La sangre de Cristo me protege y me guarda en todos mis caminos para que mis pies no resbalen. Y si caigo, el justo caerá siete veces y siete veces se levantará.

Permite que el amor de Cristo brille desde mi alma para que los hombres se acerquen a Jesús. Ayúdame a amar a todas las personas y no mostrar parcialidad por causa de raza, género, estatus financiero, posición política o apariencia. Me comprometo a servir a tu pueblo y alimentar a tus ovejas. Aleja de mí la altivez, el orgullo y la arrogancia. Al humillarme bajo tu poderosa mano, oh Dios, tú prometiste exaltarme a su debido tiempo. Que toda perversión, idolatría, codicia, avaricia y otros pecados del sacerdocio se alejen de mí.

Las palabras ociosas no fluirán de mi boca por la murmuración para causar escándalo, vergüenza, calumnia, difamación o bochorno, sino que mi boca será llenada con palabras que levantan y edifican. Sabré cuándo y cómo inquietar a Israel por medio de la corrección y la reprensión a la orden del Señor, sin hacer acepción de personas o sin temor del hombre. Soy un sacerdote Sadoc, y enseñaré al pueblo la diferencia entre lo santo y lo mundano. Temo tener relación con la gente sin tener relación con Dios. Mi ministerio está bajo un cielo abierto. Que las palabras de mi boca y la meditación de mi corazón sean agradables delante de ti. Señor, tú eres mi fortaleza y mi redentor.

Amén.

ORACIÓN POR LOS INTERCESORES

*Padre Dios, en el nombre de Jesús, gracias por la unidad
de la fe que se establece por medio de la intercesión.*

Te doy gracias por la salvación, la sanidad y la liberación. Gracias por la unción que destruye el yugo. Venga tu reino y hágase tu voluntad así en la tierra como en el cielo. Que se establezca en cada comunidad, ciudad y estado. Levanto a los intercesores, los guardianes, los profetas-videntes, las hachas de guerra, los instigadores espirituales del Señor y los guerreros de oración que se paran entre el atrio y el altar.

Señor, gracias por las puertas de justicia. Las cubro con la sangre de Jesús. Unge a tu pueblo para hollar serpientes y escorpiones. Me pongo de acuerdo con el cielo en que el pueblo de Dios tiene todo poder sobre el poder del enemigo.

Gracias, Jesús, por el agudo discernimiento de tus intercesores. Que toda trampa oculta del enemigo (contra tu Iglesia) sea expuesta. Ato la obra de los hombres sanguinarios, el espíritu de hechicería, de reacción violenta, venganza y represalias, en aquellos que han entregado su vida para estar en la brecha. Todo dardo de fuego del enemigo contra los ungidos sea devuelto, ¡en el nombre de Jesús!

Son atados los espíritus de opresión, espíritus de confusión, espíritus que causan abatimiento y los espíritus que hacen que los intercesores no estén alertas y atentos. Oro contra toda distracción y frustración enviada para hacer que los intercesores salgan del muro. Quiebro el poder de conjuros de esclavitud, olas de sueño, espíritus de depresión, cegadores de la mente, espíritus de control mental, espíritus que drenan las fuerzas, espíritus de pitón, espíritus de Hydra, espíritus seductores y espíritus de enfermedad y dolencia que han sido enviados contra la vida de oración de los intercesores.

El espíritu de orgullo no tiene puertas abiertas en la vida de los guerreros de oración. Que sean destruidas todas las obras de Leviatán y Behemoth. Corto la lanza del orgullo y el engaño, en el nombre de Jesús. Padre, gracias por los intercesores que permanecen bajo la cobertura de la autoridad espiritual constituida. Los espíritus de guerrero solitario, de rebelión, motín, camarilla y falsa unción profética, son atados y anulados de los equipos de intercesores. Los espíritus de unidad, conexión, visión apostólica, visión profética y santidad, son desatados para los equipos proféticos de todo el mundo. Dios, te doy gracias que ellos forman el cerco y construyen alrededor del Cuerpo de Cristo muros que serán fortalezas para el Señor.

Desconecto toda actividad del segundo cielo que intenta dominar sobre las cabezas de tu pueblo. Declaro que están bajo un cielo abierto. Declaro que las oraciones de los santos son incienso agradable delante de Dios. Atraviesan la actividad del segundo cielo y penetran al tercer cielo.

Los espíritus de fatiga, pesimismo y desaliento no pueden operar en la vida de los intercesores. Declaro que ellos no vivirán vidas de derrota, en el nombre de Jesús.

Espíritu Santo, gracias por avergonzar a todo mal asignado contra el ministerio de la oración. Que todo cazador de almas sea destruido, en el nombre de Jesús. Que el consejo de doce sea destruido. Señor, haz que los planes de los brujos alrededor de la olla hirviente sean destruidos en tu nombre. Ninguna arma forjada contra tus elegidos prosperará. Todo espíritu de sigilo, explorador y vigilante no tiene poder. Ángeles ministradores, ángeles guerreros y ángeles guardianes, rodeen y protejan a todos los intercesores del mundo. Los dinteles de la Iglesia están cubiertos por la sangre de Jesús.

Amén.

ORACIÓN POR AVIVAMIENTO EN LAS CALLES

Padre, gracias por los apóstoles, profetas,
pastores, maestros y evangelistas que están
siendo liberados de las calles a tu maravilloso
reino para predicar el evangelio.

Dios Padre, en el nombre de Jesús, oro por cada persona que ha sido víctima de las calles. Levanto a cada traficante de drogas, a los drogadictos, estafadores, proxenetas, jugadores, prostitutas, los indigentes, las personas mentalmente enfermas, fugitivos o cualquier otra persona atada en las calles. Oro por la salvación de cada matón, pandilla, grupo, banda, homicida, jugador, ladrón y asaltante. Quiebro el poder del sistema de la red criminal. Me dirijo a los demonios que encabezan los grupos de minorías para encerrarlos detrás de barrotes. Maldigo al espíritu de mamón. Ato la avaricia, la envidia, la escasez, la pobreza, y la codicia. Desplazo todo guardián demoníaco que abre embudos en el espíritu para hacer que los hombres tengan mentes criminales.

Las fortalezas de cada espíritu gobernante que mora sobre los vecindarios de alto índice delictivo son derribadas en el nombre de Jesús. Clamo la sangre sobre cada condado, ciudad, región, estado y sobre el país entero. El avivamiento está desplazando las estadísticas de reincidencia. Echo fuera de mi comunidad los espíritus

\

de matón, los espíritus de bravucón, los espíritus de rechazo, asesinato y odio. La represalia y la venganza del enemigo son atadas y bloqueadas. Los índices de crimen no aumentarán, sino que disminuirán.

Los espíritus de lombriz de tierra, escalofríos, terrores nocturnos, monstruos y muertos que caminan, no tienen poder. La intercesión sobre las ciudades está prevaleciendo sobre toda conspiración, misión y ataque maligno. Los disparos de un vehículo en movimiento, los robos, los secuestros, los delitos con escalamiento, los asaltos a mano armada, violaciones de domicilios, los hurtos, están en descenso sin precedentes. Las personas que tienen tendencia a cometer estos crímenes están siendo salvadas y viviendo para el Señor. La sangre inocente no será derramada más en las calles. Decreto que los corazones de los violentos están siendo ablandados por la unción de Dios. Profetizo que los hijos de la noche están saliendo de las tinieblas. La luz de Jesucristo ha venido a las áreas de alto índice criminal de nuestro país. Padre Dios, que tu luz brille en cada lugar oscuro. Todos los planes del enemigo de las casas de crack, tiro al blanco, esquinas, callejones, fondos, subsuelos, calles, habitaciones en alquiler, zonas urbanas deprimidas, guetos, y hasta los suburbios que se han infestado con drogas, son cubiertos con la sangre de Jesús.

Dios, te pido que sanes a los desconsolados y quiebres las fortalezas de adicción al alcohol, las drogas ilegales, el sexo y el asesinato. Derribo estas fortalezas. Manifiesta tu espada contra el orgullo, la hechicería, el suicidio, y todas las formas de maldad. Que tu sangre sature las calles y las limpie de los espíritus de lujuria, perversión, acoso, violación, prostitución, homosexualidad e incesto. Desarmo todo reino demoníaco construido en las calles para destrucción y muerte. Quiebro la triple cuerda de la muerte, el infierno y la tumba. Los vórtices están impidiendo que el mal arrastre almas al infierno de los pecados de las calles.

Los espíritus de desobediencia y rebelión son arrestados. Los grilletes y las cadenas que atan a los hombres y mujeres a las calles son quebrados. Oro por los integrantes de las familias perdidos que vagan sin esperanza por las calles. El poder de las calles está bajo mis pies. Todas las cosas viejas de la calles mueren por causa del avivamiento que está surgiendo de esta generación. Las cosas son hechas nuevas. Pronuncio lo *nuevo* de Cristo sobre las calles. Jesús se convertirá en la costumbre de esta época.

Las ataduras impías de las almas, los juramentos demoníacos, y los pactos de sangre hechos con las calles, son quebrados… ¡mientras lo estoy diciendo! Todos los sacrificios de pandillas, bandas, adoradores del diablo, sectas, aquelarres, y cualquier otra organización de las tinieblas, no tienen poder. Toda forma de influencia demoníaca por medio del dinero, el sexo y las drogas no tiene autoridad sobre la vida de la gente. Sus pecados han sido redimidos por la sangre de Jesús, han sido perdonados y son liberados de las calles. El hombre fuerte de las calles está vencido por la sangre del Cordero y la palabra del testimonio de quienes ya han sido liberados de las calles.

Padre Dios, decreto que está rota toda obra en la vida de la gente que está atada en las calles. Todo portillo, toda brecha o cerco es cubierto por la intercesión en el nombre de Jesús. Todo espíritu recurrente y círculos viciosos se cierran y son arrancados en el nombre de Jesús. Las cuerdas de títere del príncipe de la potestad del aire son cortadas de los rebeldes, los abandonados y los inconversos. Todo detonador y disparador demoníaco es desactivado en el nombre de Jesús. El círculo está roto. Las maldiciones generacionales ya no existen. Padre, gracias porque todas las limitaciones y restricciones son quebradas y quitadas de la vida de tu pueblo en el nombre de Jesús.

Amén.

Oraciones que cambian los negocios y el mundo

ORACIÓN DE PROSPERIDAD DE GAZA

Padre, me enfrento al espíritu territorial de
Gaza y a las cosas que me tienen en batalla
porque el enemigo no las soltará.

El *lugar de la voluntad fuerte* es destruido. Soy una oveja y no un cabrito. Soy ungido para seguir a Dios sinceramente. Clamo por la reprensión del Señor sobre los devoradores establecidos contra mí. Dios, tú dijiste que reprenderías a los devoradores a mi favor.

Tomo autoridad sobre la tierra y profetizo a su vientre para que produzca el crecimiento para mí. Declaro la nutrición espiritual, física, mental, emocional y material que reemplace las áreas desnutridas de mi vida y la vida de mi simiente. Hablo al espíritu de flojedad y le ordeno que se sujete para que el estándar de Dios pueda aumentar. Profetizo a todo lo que está apagado e incompleto, y le ordeno que brille y sea completo.

Ordeno a lo lento que se apresure para el *kairos* de Dios. Resisto a los hijos del Oriente y declaro con valentía el *kairos*. Destruyo toda fortaleza autoconstruida en mi vida con la muerte de mi lengua y hago que se convierta en un peldaño para mi próximo nivel. Profetizo que lo flaco se volverá gordo y lo que es un defecto o está sin empezar se transformará en lo que hace que yo oiga, comprenda y declare la voluntad del Señor.

Desato vida con mi lengua.

Profetizo a las tinieblas y ordeno a la luz que brille.

Profetizo a lo vacío y le ordeno que sea lleno.

Profetizo a lo muerto y digo: "¡Vive!".

Profetizo a lo que está oprimido y declaro que se levanta ahora.

Profetizo a los lugares secos y les ordeno que sean llenos de ríos de agua viva.

Profetizo a lo que ha estado oprimido y lo presiono para que salga.

Daw-lal (pobreza), te ordeno que te conviertas en *Ye Bool* (prosperidad) ahora mismo, en el nombre de Jesús.

Amén.

Oración por bendiciones financieras

Oro por todas mis situaciones financieras,
en el nombre de Jesús.

Declaro que no estoy atado por la economía del hombre, sino que estoy bajo la cobertura de la economía de Dios. Digo que tengo más ingresos que egresos, porque el espíritu de pitón es quitado de mis asuntos para siempre. Todo lo malo que ha venido a mi vida soñada para robar mis bendiciones es maldecido hasta la raíz. Mis enemigos no me devorarán. ¡Seré un hueso en la garganta de mis enemigos! Ato el espíritu del ladrón y digo que la pantera rosa no robará más. Ato y echo fuera todo lo que hacía que buscara al sistema del mundo para mi provisión.

Profetizo una bendición de Sadoc sobre mí mismo y pronuncio una bendición sacramental sobre mi hogar. El lugar donde habito está bajo la unción de Obed-Edom. Soy bendito en mi entrada y en mi salida. Dondequiera que pisen las plantas de mis pies, ¡la tierra es mía! Dondequiera que toquen las palmas de mis manos, será próspero. Al quitar mis ojos del hombre y ponerlos en Jesús, el aceite de la bendición correrá desde la coronilla hasta la punta de mis pies. Las riquezas de los impíos han sido guardadas para mí, y estoy en posición de recibirla. ¡Las bendiciones de las primicias me están alcanzando y haciéndose cargo de mí! No tendré que correr tras una bendición: *¡Yo soy bendito!* ¡Y seré una bendición!

Entraré al reposo de Dios, y mis enemigos huirán. En vez de luchar contra mí, mis enemigos me enviarán presentes. Nunca más el enemigo andará por mis puertas. Mis dinteles están cubiertos con la sangre de Jesús, y la salud y la protección acompañarán mi incremento financiero. Recibiré un gran aumento y disfrutaré su bendición. Ésta es mi herencia de parte de Dios. Estaré satisfecho ¡en el nombre de Jesús! Estoy tan lleno de las bendiciones de Dios que no puedo evitar compartirlas. Soy contagiosamente bendito. Las cuerdas del Espíritu me han caído en lugares deleitosos, y he obtenido mi porción. Mi campo es bendito, mi casa es bendita y la bendición de mi herencia se extiende por mi línea sanguínea como un río.

De mi vientre correrán ríos de agua viva, porque mi vientre no es mi dios. Los hijos de mis hijos beberán por siempre de esta agua, porque los pozos de mi bendición corren profundos y son eternos. El espíritu de Acán es quitado de mi casa. La indolencia y la pereza son cortadas de mis generaciones. La mayordomía divina es mi porción. Porque he elegido obedecer los mandamientos del Señor y permanezco a su lado, la tierra no se abrirá para devorarme. Caerán mil a mi izquierda y diez mil a mi derecha, pero ninguna plaga tocará mi morada. Nunca codiciaré el oro o la plata de otro hombre. Los malos deseos no serán mi porción, porque he puesto mis afectos en las cosas del reino y lo he buscado primero a Él. Pagar los impuestos será para mí una bendición y no una maldición. El espíritu de César no regirá sobre mi cabeza. No deberé nada a nadie, sino el amarlo. Soy alguien que presta no que toma prestado. El espíritu de interés no asirá mis lomos. Declaro que soy espiritualmente alérgico al interés. En vez de pegarse el interés a mis lomos, correrá por mi espalda como el agua sobre el ave. ¡Estaré libre de deudas! Mi hipoteca será totalmente pagada. Profetizo a las escrituras y títulos de propiedad en mis manos. Mi calificación crediticia será superior, y mis negocios económicos prosperarán. Mi prosperidad estará rodeada de amor, y mis vecinos querrán lo que tengo. Los paganos estarán celosos de mi prosperidad, porque la piedad acompañará mi contentamiento. No mendigaré, no pediré prestado y no codiciaré. ¡Decreto que soy salvado, santificado y satisfecho en el nombre de Jesús!

Amén.

ORACIÓN PARA LOS NEGOCIOS

*Padre Dios, te doy gracias porque me colocaste
estratégicamente en los negocios en esta época
determinada y en el tiempo correcto.*

Te doy gracias por la autoridad que me has dado sobre todas las cosas de la tierra, encima de la tierra y debajo de la tierra. Todo lo que ate o desate en la tierra es atado o desatado en el cielo. Desato el *espíritu de permiso* sobre cada creyente lavasdo con la sangre a quien tú has sellado con tu sello de justicia. Decreto y declaro que porque soy coheredero con Jesucristo, estoy saliendo, creciendo, aumentando, diseminando e irrumpiendo en todas direcciones en los negocios. La unción de lo enorme descansa sobre mí, y el espíritu de excelencia va delante de mí.

Gracias, Padre, que has transferido la riqueza de los impíos a los justos. Ordeno que se manifieste en mis negocios. Todo principado, potestad y gobernador de las tinieblas establecido en el mundo empresarial debe huir ¡porque la luz del Dios Altísimo ha llegado! Estos poderes endebles son desplazados permanentemente en el nombre de Jesús. Soy un verdadero hijo (o hija) de Dios. No puedo ser colocado bajo un montón de cosas. Porque me he humillado bajo la poderosa mano de Dios, Él me ha exaltado para ser una gran luz donde una vez residía la oscuridad. La perfecta voluntad y los propósitos de Dios serán manifiestos en el ámbito terrenal por medio de mi servicio, comenzando ahora.

Estoy en la perfecta voluntad (*telios*) de Dios. Él me ha dado el poder para poseer (*yeresh*) la tierra. Tengo influencia dada por Dios en los organismos gubernamentales, corporaciones, sistema educativo, industria médica, el campo del entretenimiento, estadios deportivos, en los medios, Hollywood, el campo de la moderna tecnología y en Wall Street. Tengo favor en todo esfuerzo empresarial que Dios ha colocado en mis manos para que realice.

Toda persona, lugar o cosa del mundo empresarial que tenía un propósito malvado contra mí se ha tornado para mi bien, porque amo a Dios. Mi éxito en los negocios no es por poder, ni por fuerza, sino por el Espíritu del verdadero Dios viviente. Todo paraguas oscuro de influencia demoníaca que ha intentado bloquear la lluvia de Dios sobre mis negocios ha sido desintegrado por el fuego del Espíritu Santo. Dios, gracias que no menosprecio los pequeños comienzos, y la lluvia tardía será mayor que la anterior. Tú llevas mis negocios de gloria en gloria. La influencia piadosa y el favor son mi porción. Como la buena mano de Dios está sobre mí, estoy bajo cielo abierto. Me comprometo con Dios a diezmar, dar ofrendas de las primicias y ser un buen administrador.

Soy especial porque estoy en Dios, y por esto la gente se acercará a mí. El imán del Señor está en mi vientre, y las cosas buenas serán atraídas hacia mí. Los ángeles del Señor harán que todos los Ismaeles y las cosas que quieren adelantarme al tiempo de Dios se alejen de mí. El espíritu de adelantarse a Dios (*proskairos*) es atado. Mis dones y talentos harán para mí un lugar de manera que ningún hombre pueda negarlo. Dios, te doy gracias que la sabiduría de Salomón está sobre mí. Esta sabiduría me permite prosperar, ser exitoso y mantener prioridades piadosas en mi vida. Vivo de modo que disfruto el esfuerzo de mi trabajo. Ésta es mi herencia del Señor.

Seré testigo en el mundo empresarial y ganaré miles de almas para Jesús, porque soy sabio. El discernimiento sacerdotal y el don de discernimiento correrán con fluidez en mi vida. Mis ojos percibirán claramente y tendrán una revelación de lo que es bueno y lo que es malo. Conoceré y enseñaré la diferencia entre lo santo y lo profano, lo limpio y lo impuro. La unción de Sadoc está sobre mi vida. Conoceré las épocas y los tiempos de Dios. Habito bajo la unción de Isacar. El espíritu complaciente es cortado de mis lomos para siempre. La capacidad de armonizar pero sin ceder, está sobre mí para siempre. No seré débil en la fe sino que, en cambio, seré fuerte, dando todo el crédito y la gloria a Dios. Profetizo acuerdos, contratos y ascensos sobrenaturales para todo el que pacte en negocios conmigo. Todo acuerdo es sellado en el nombre de Jesús. Los contratos completados están generando más contratos. Los negocios aumentan a diario. Las bendiciones del Señor me siguen y pasan sobre mí. No tengo que perseguir los acuerdos. El espíritu del cangrejo está lejos de mí. La integridad se multiplica a través de mis lomos, y estoy generando un estándar para hacer negocios que glorificarán a Dios.

Cada palabra correcta que hablo en el momento correcto tendrá peso en el espíritu y se manifestará súbitamente. En lo que no estoy naturalmente capacitado, decreto capacitación sobrenatural.

Mi presencia en el mundo empresarial y los negocios añadirá valor a cada persona, lugar y cosa con la que me contacte. Dios está redimiendo el tiempo para mí. Soy justicia de Dios, y porque camino en sus estatutos y guardo sus mandamientos, todo lo que hago al poner mis manos en el arado prosperará.

Mis pies son hermosos y benditos, porque llevo el evangelio de Jesús. Camino por fe y no soy movido por lo que ven mis ojos naturales. Oiré a Dios y le obedeceré. El espíritu de desobediencia es echado fuera de mí en el nombre de Jesús. Aun mis hijos caminarán en esta misma unción de los negocios debido a mi obediencia. Mi simiente tendrá sueños y visiones que darán origen a ingeniosas invenciones e ideas. La capacidad para generar empleos está sobre toda mi casa. El espíritu de temor es arrancado de mí ahora mismo, ¡en el nombre de Jesús! Mi familia y quienes se relacionan conmigo en los negocios operarán en amor, poder y una mente sana.

Todo ataque demoníaco, espíritu de distracción y falsa palabra profética dicha contra mis negocios es anulada y vacía. La unción de Nehemías reposa sobre mí y sobre otros siervos de Dios en el mercado. La capacidad de reconstruir, restaurar, concentrar, conquistar, guardar y mantener una buena mayordomía sobre lo que pertenece a Dios, está sobre mí. Oro en el nombre de Jesús.

Amén.

ORACIÓN POR LA ECONOMÍA NACIONAL

Padre Dios, en el nombre de Jesús,
me arrepiento de seguir la economía
del hombre y no la tuya.

He pecado contra ti y actuado de manera corrupta contra tu Palabra y tu voluntad. Me arrepiento de no haber guardado tus mandamientos. Ahora mismo, Dios, pido sabiduría e instrucciones para apegarme a tu sistema económico. Me arrepiento por los pecados del liderazgo gubernamental, del mercado de valores, de la industria de bienes raíces, de la industria automotriz y de toda industria de mi país. Me postro sobre mis rodillas y clamo con sincero arrepentimiento.

Lo incomprensible de Dios es más sabio que la economía terrenal y lo aparentemente débil de Dios más fuerte que la economía del hombre. Clamo a la sangre de Jesús sobre toda área de la economía. Que los asuntos financieros de este país estén bajo tu cobertura y tu favor. Ato toda palabra falsa surgida de la boca de los economistas. Ato todo pesimismo de los pronosticadores. Digo que nuestra economía se recuperará ¡y será mejor que nunca! Nuestros hogares acrecentarán su valor; además, el mercado recuperará su fuerza y la confianza de los inversionistas.

¡Ato ahora mismo, en el nombre de Jesús, el espíritu de avaricia que opera detrás de la Organización de Países Exportadores de Petróleo (OPEC por sus siglas en inglés)! Este espíritu maligno no ha de afectar el precio del petróleo ni de cualquier otro insumo energético que sea relevante para nuestra existencia. Decreto y declaro que tendremos precios de combustibles que nunca nos imaginamos. Vengo contra el espíritu devorador que ha estado eliminando los empleos del mercado, en el nombre de Jesús. No reducirá el salario de los hogares de esta nación nunca más. No aumentará otra vez el índice de desempleo. Dios, oro especialmente por los que diezman, pagan las primicias y por las finanzas del reino. Dios, guarda los negocios de los creyentes y dales incrementos sobrenaturales durante los tiempos difíciles. Ato todo espíritu que hace que los creyentes disminuyan sus ofrendas. Declaro que las iglesias prosperarán como nunca.

Dios, te doy gracias por las ingeniosas invenciones y las industrias emergentes que están generando nuevos empleos y empresas. Quito el espíritu de temor de los líderes de esta nación. Declaro confianza, valentía y fe al nuevo liderazgo que dirige a las autoridades. Ato el espíritu de totalitarismo sobre los asuntos financieros en nuestro país. Decreto que un partido, un grupo u organización no controlará el destino económico de esta gran nación. Este país es la tierra de leche y miel que Dios nos dio. Ato los celos, los complots malignos y toda negatividad que sea encendida por el odio de otros países contra esta nación. Este país está dedicado a ti, Dios, y mora bajo tu favor divino. El aroma del clamor de los santos está llegando a las narices de Dios y llama su atención. Señor, hay muchos justos en esta nación; ten misericordia de nuestra situación económica.

Declaro la fortaleza de nuestra moneda y le ordeno que recupere lo que se devaluó y aún más, en el nombre de Jesús. Declaro equilibrio en el déficit de este país. Profetizo que este gran país no será atado por el espíritu de deuda. Este país es próspero, ¡y su copa está rebosando! Tiene más que suficiente. Nuestro país es bendito, y tenemos ingresos que llegan desde el norte, sur, este y oeste.

Levanto al gobierno y oro que tome decisiones sabias con nuestros recursos naturales. Entretanto que busco el reino de Dios y su justicia, todas las cosas me serán añadidas. El mercado de bienes raíces recuperará su fortaleza, y el interés conducirá a la prosperidad nacional. Se implementarán programas sensatos con el fin de construir viviendas para personas de bajos recursos. No serán colocados en posiciones temporales que los lleven a la pobreza o les den falsas esperanzas.

Dios, gracias por generar nuevos emprendedores en esta nación que han de ser mayordomos piadosos y se someterán a la autoridad de tu economía. La riqueza de los impíos está siendo transferida al justo. Los ojos no han visto, ni los oídos han oído, ni ha subido al corazón de hombre lo que tú has preparado para quienes te aman.

Padre, gracias por oír nuestras oraciones y sanar nuestra tierra. Te alabo por volver a traer prosperidad a nuestra costa. Me arrepiento por todos los pecados que han hecho que perdamos tu favor. El mundo sabrá que tú has hecho que fluya leche y miel en nuestra tierra por tu bondad y tu misericordia con nosotros. Oro en el nombre de Jesús.

Amén.

Oración por el Presidente de esta nación

Padre, nos enseñaste que oremos por los que
están en autoridad, porque levantamos al
Presidente de nuestro país ante tu presencia.

Gracias por la unción que mora sobre la oficina del mandatario de este gran país desde el tiempo en que nuestros padres pusieron este país en manos de Jesucristo. Oro que nuestro Presidente habite bajo la misma cobertura. Extendemos al Presidente el mismo honor que se les ha otorgado a todos los que hasta ahora han ocupado su posición.

Dios, gracias por colocar favor en el mayor cargo de nuestro país. Pido protección para él y su familia durante su presidencia. Ato todo ataque de las naciones contrarias, organizaciones encubiertas o cualquier grupo promotor de odio y resentimiento étnico. Ato toda obra terrorista de conspiraciones locales, nacionales e internacionales contra nuestro Presidente, gobierno y demás líderes políticos. Ato la resurrección de los grupos promotores de disensiones en nuestra nación. Quiebro el poder de las influencias demoníacas que quieren hacer un cordón de tres dobleces de los espíritus de los abusadores, los grupos de represalias racistas de las zonas urbanas pobres de este país. Anulo las palabras de sus doctrinas demoníacas y declaro que la población no pregona más resentimientos, rencores ni odios. Destruyo toda corriente vengativa de estos grupos contra el Presidente, porque él no puso solo personas que lo favorezcan en lo particular en su gabinete. Decreto que la población inocente no será aterrorizada (en sus vecindarios) por delincuentes de ninguna clase y que la población en general no será sobrecogida por los hostigadores.

Padre, te pido que reveles tu Hijo, Jesús, a nuestro Presidente como el único camino hacia Dios. Te pido que hagas que él tenga una experiencia como la conversión de "Saulo en Pablo". Desata los aguijones y las aguijadas sobre su corazón a paso acelerado para que su corazón se vuelva a la justicia de Jesucristo. Libéralo, y que experimente un nuevo nacimiento en su espíritu. Vengo contra toda fortaleza que aparta al Presidente de la verdad. Rompo toda ligadura de alma y todo voto que se haya establecido entre él, Harvard, sociedades secretas y los Illuminati.

Declaro que hasta el gabinete que está en torno a él se ha de inclinar ante Jesús. Clamo por la sangre de Jesús sobre la cabeza de nuestro Presidente para que la presión del cargo no le impida dormir por la noche.

Abre *puertas de expresión* para tus profetas en el Palacio de Gobierno. Desecho de la residencia presidencial toda operación de médiums, enseñanzas teológicas erróneas y toda doctrina humanista secular y de la nueva era. Dios, pon tus ángeles alrededor de la Casa de Gobierno para llenar los vacíos o las brechas de la seguridad. Unge a los agentes del Servicio Secreto con una doble porción durante la gestión del presidente en funciones. Ato el espíritu de doble agente. Vengo contra el espíritu de Judas en el Servicio Secreto, la policía nacional, las fuerzas armadas y otros organismos de seguridad, en el nombre de Jesús.

Quito el espíritu de Acab y Jezabel de nuestro gobierno. Vengo contra todo espíritu de bloqueo mental y oscurecimiento de corazón, en el nombre de Jesús. Ato al Leviatán de la oficina de la presidencia y desato luz y humildad, en el nombre de Jesús. El espíritu de Behemoth también es quitado de nuestra nación. Señor, que las decisiones que se tomen en este país no hagan que esta gran nación pierda el control. Todo espíritu de tormento enviado por brujos o hechiceros es atado en el nombre de Jesús. Señor, haz manifiesta la obra de todo brujo, hechicero, espiritista o persona que está del lado de las tinieblas operando contra el gabinete del presidente actual o a través de cualquiera asociado íntimamente con él.

Bloqueo los poderes e influencias de cualquier religión falsa y de otros grupos que adoran a sus ancestros (de la oficina de gobierno), en el nombre de Jesús. Coloco barreras alrededor de este país desde los cimientos de la tierra hasta los cielos de los cielos, las cuales enceguezcan y anulen la hechicería de los sacrificios provenientes de lugares de oscuridad para influenciar a nuestro Presidente, en el nombre de Jesús. Que sean rotos los poderes de toda dedicación de su pasado.

Guarda y protege a nuestro Presidente, a su esposa, sus hijos y parientes de secuestros, asesinatos, acosos o cualquier otra clase de ataques mientras estén en el Palacio de Gobierno. Que todo secreto escondido y toda cosa oscura que opere en oculto sea expuesto oportunamente, en el nombre de Jesús. Que todo espíritu que impida o se oponga al progreso de nuestro país sea quitado ahora, en el nombre de Jesús.

Padre, oro que nuestro Presidente no se siente en consejo de malos. Ato toda alianza que perturbe la paz y la protección de nuestro país. Vengo contra todo atentado terrorista en nuestras ciudades. Declaro que no habrá guerra en suelo nacional. Que toda puerta de nuestra nación (que esté abierta) para el terrorismo sea cerrada y sellada, en el nombre de Jesús. Que todo plan encubierto del enemigo sea infiltrado por la luz. Señor, ayúdanos a edificar alrededor de nuestra nación los muros que han sido quemados durante la pasada elección presidencial. Oro que nuestros enemigos no lancen un ataque por sorpresa sobre nosotros si estamos distraídos.

Ahogo todo espíritu que viaja del extranjero para causar estragos. Ato todo espíritu de trastorno y caos para que no se imponga la ley marcial en nuestro país. Ato los espíritus que hacían que perdiéramos nuestras libertades constitucionales y civiles.

Envío confusión a las fuerzas organizadas y no organizadas del movimiento radical islámico. Que comiencen a volverse unos contra otros. Que toda célula terrorista sea expuesta y tratada con severidad. Señor, brille tu luz de juicio sobre todo líder dirigido por Satanás y haz que sea sacado de su escondite. Trastorna sus palabras para que sus instrucciones a las tropas de muerte no se lleven a cabo.

Ato el cordón de tres dobleces de la bestia, la era y el anticristo que pondrán sus cabezas contra la Iglesia. Declaro que el evangelio y quienes lo predican tendrán libertad de acción en la tierra.

Pon en el camino de nuestro Presidente personas que le digan la verdad y hablen la Palabra del Señor. Te pido, Señor, que cierres la puerta a todo líder espiritual que desee frecuentar el Palacio de Gobierno en busca de fama o gloria. Cierra las puertas y cierra sus bocas. Que sus palabras no tengan peso en el Espíritu. Quita todo líder cristiano tibio oportunista para que no susurre zalamerías a oídos de nuestro Presidente. Envía líderes espirituales con mentalidad de reino y corazones por la nación.

Quiebro la vara de hierro del odio, del racismo y los prejuicios en esta nación. Aplico la sangre de Jesús sobre ella. Decreto que la desunión es desplazada en la Iglesia con respecto al Presidente y que la Iglesia encontrará terreno en común para colocarse en la brecha respecto de este asunto.

Despierta a la Iglesia dormida. Borra el signo de pregunta de las cabezas de los creyentes. Hacemos súplicas, oraciones e intercesión y damos gracias por todos los hombres, especialmente quienes están en autoridad sobre nosotros, para que llevemos vidas tranquilas y apacibles en este país, en piedad y honestidad. Mientras oro, que sea expuesta toda cosa impura y deshonesta tratada por el Espíritu Santo. Señor, sé que mis oraciones y súplicas con respecto a este tema son buenas y agradables delante de tus ojos, porque tu voluntad es que todos los hombres sean salvos y conozcan la verdad.

Mientras los santos están firmes en la brecha y oran por nuestro Presidente y esta nación, úngelos para que rehúsen la porción del rey y no coman en la mesa de Acab y Jezabel, para que sus semblantes sean justos y su discernimiento sea agudizado. ¡Que no se inclinen ante las chatarras de la tierra!

Quiebro todo acuerdo con las naciones extranjeras que haga que esta nación le dé la espalda a Israel. Declaro que un amor por Israel será desatado en este país como nunca se vio. Señor, tu Palabra dice que bendecirás a quienes bendigan a Israel y que los enemigos caerán sobre quienes están contra ellos. ¡Nosotros bendecimos a Israel!

Padre, necesito que te muevas sobre el Presidente y sobre esta gran nación. Guárdalo y protégelo cuando la misma gente que gritó: "¡Hosanna!", comience a gritar: "¡Crucifícale!". Tu Palabra dice que el corazón del rey está en tu mano, y como un río, tú lo mueves hacia donde quieres. Padre, pon su corazón en la dirección de tu favor, de tu tiempo y de tu plan.

Dios, trata con nuestro Presidente acerca del derramamiento de sangre inocente de los no nacidos y sobre la santidad del matrimonio. Señor, te pido que intervengas sobrenaturalmente con respecto a las leyes que afectan las libertades civiles de los creyentes. Oro en el nombre de Jesús.

Amén.

ORACIÓN POR LA ATMÓSFERA POLÍTICA DE NUESTRO PAÍS

Padre Dios, en el nombre de Jesús,
me paro en la brecha por los líderes de mi comunidad,
mi ciudad, mi estado, mi región y mi país.

Clamo por la sangre de Jesús sobre todo cargo que ha sido cubierto por nombramiento o elección. Oro por las mentes de las personas para que sean separadas de las cuerdas titiriteras del príncipe de la potestad del aire. Corto toda cuerda que hacía que los principados, las potestades y los gobernadores de las tinieblas de este mundo, y la maldad espiritual en los lugares celestes, controlara los cargos o puestos de nuestra generación.

Padre, danos líderes piadosos que lleven la herencia de la dedicación de nuestra nación a Jesús. Danos líderes que no se desvíen del fundamento de la esencia de esta nación. Padre, históricamente tú has permitido que tanto los hombres malvados como los piadosos reinen sobre tu pueblo. Tu Palabra dice que cuando los piadosos reinan, el pueblo se regocija. También dice que el pueblo clama bajo el gobierno del impío. Padre, líbranos de la opresión de los impíos en lugares altos.

Ten misericordia de nuestra nación por las abominaciones de la tierra. Nos arrepentimos de los pecados de nuestros antepasados y los de nuestra presente generación. Perdónanos por toda ley que construye fortalezas babilónicas en nuestro medio por la perversión y el derramamiento de sangre inocente. Ato la resurrección de antiguos espíritus por medio del ámbito político. Quita los velos y las escamas de idolatría de nuestros ojos. Que todos los líderes dados a la idolatría, la perversión sexual y la actividad ilegal sean liberados convenientemente o expuestos y tratados. Que la venganza sea tuya, oh Dios, por la sangre sobre los altares de nuestras jurisdicciones.

Que todo programa secreto, conspiración, pacto de oscuridad, confederación, red satánica, espíritu racista, espíritu de conquista (como el de Hitler o Napoleón), espíritu de anticristo, espíritu antinacional y antiisraelita que se levante en cualquiera de nuestros liderazgos políticos, sea maldecido hasta la raíz, en el nombre de Jesús. Que todo plan establecido para estorbar, atenuar, hacer transigir y enviar persecución contra quienes predican el evangelio no adulterado de Jesucristo, sea juzgado. Ato toda obra de la bestia, del gran hermano, del espíritu del anticristo, del humanismo secular, de los movimientos ateos y agnósticos, y todo otro grupo organizado, lugares y cosas que obraban por medio del sistema político para oprimir a los creyentes. Que se trate con toda agenda de "un solo mundo" que se disfraza para explotar a los necesitados y a los débiles por medio de los cargos políticos.

Señor, que el espíritu de sabiduría repose sobre la Casa de Gobierno, el Congreso, Asamblea Legislativa u otro ente gubernamental. Protege a nuestro Presidente y a su familia de sabotajes, mentiras, conspiraciones, ataques terroristas, infiltraciones enemigas y asesinato. Pon tus ángeles alrededor de la primera dama y sus hijos. Que sus asuntos personales sean cubiertos con la sangre de Jesús. Que las bendiciones del Señor que han sido desatadas sobre los cargos más altos del país estén sobre nuestro líder. Señor, si él o ella comete abominación delante de ti en el juicio, el gobierno o el criterio, y la autoridad que les ha sido dada, ¡quita el cetro rápidamente!

Oro por el pueblo y los líderes de mi nación para que puedan vivir vidas reposadas en piedad y honestidad (1 Ti. 2:1-2). La Palabra del Señor dice que se requiere que los líderes gobiernen en el temor del Señor (2 S. 23:3). Oh Dios, ¡que nuestros líderes te teman! Oro que los líderes de esta nación se postren y te sirvan según el Salmo 72:11. Levanta líderes que ayuden a que los pobres y necesitados encuentren liberación (Sal. 72:12-13). Declaro que no hay liberación sin Jesucristo, y son atadas todas las mezclas religiosas que originan falsas liberaciones. Oro por todos los líderes de otras religiones fuera del redil de Jesucristo, que un día vengan y conozcan al verdadero Dios viviente. Señor, oro por avivamiento en el Congreso que haga que esta nación entone un cántico nuevo (Sal. 96:1-3). Levanta el liderazgo que haga que el pueblo tiemble ante la presencia del Señor.

Señor, que nuestros líderes te alaben y oigan la Palabra del Señor hablada por la boca de tus profetas (Sal. 138:4). Abre las puertas de expresión de mi nación para que el pueblo oiga tu Palabra. Dios, danos líderes que hagan que las familias de nuestra nación sean benditas (Gá. 3:14). Que tu gloria sea proclamada en medio de tu pueblo, y que las aguas salutíferas fluyan en nuestra nación (Ez. 47:9). Que todos los líderes de nuestra nación que se han vuelto hacia la idolatría sean confundidos y se vuelvan a adorar al Señor (Sal. 97).

Oro que los líderes de esta nación sometan su gobierno al señorío de Jesucristo según Daniel 7:14. Oro que el gobierno y la paz de Jesucristo traigan continuo crecimiento a nuestra nación. Oro por un arrepentimiento que traiga sanidad a la tierra. Libera a los líderes y al pueblo y haz que se sujeten a la autoridad. ¡Jesús es Señor sobre esta gran nación!

Amén.

ORACIÓN POR LAS CELEBRIDADES

*Padre, levanto a toda persona de la industria del
entretenimiento y los medios de Hollywood, de
Broadway y de todo otro lugar de ricos y famosos.*

Oro por cada productor, escritor, director, actor, extra,
doble, editor, diseñador de vestuario, asistente de dirección, productor artístico, diseñador gráfico, director de
fotografía, ejecutivo de emisión, jefe de estudio, redes afilia-das,
servicio de arte, persona del departamento de peluquería y maquillaje, y persona del departamento de cámaras y de sonido, para
que sean nacidos de nuevo y llenos del Espíritu Santo. Oro que
vengan al conocimiento del amor de Cristo y sean llenos con toda
la plenitud de Dios. Oro que el Dios de mi Señor y Salvador,
Jesucristo, abra los ojos de su entendimiento y les dé sabiduría y
revelación en el conocimiento de Él.

Oro que lleguen a conocer la verdad y la verdad los haga libres.
Que toda escama de sus ojos sea quitada. Ato los espíritus seductores de hechicería, Cientología, y la enseñanza de *The Secret* (El
Secreto) u otras enseñanzas de la nueva era, en el nombre de Jesús.
Oro que el temor del Señor caiga sobre los medios seculares, la
industria fílmica y la industria musical. Ato la idolatría de esta era
y el espíritu del mundo. Tomo autoridad sobre el *kosmokrator* que
cegaba las mentes de la gente, aun por ignorancia.

Oro que toda persona de estos ámbitos de vida venga al conocimiento de que sus dones tienen el propósito de ministrar vida por medio de las artes creativas que Dios le ha dado. Oro contra la influencia e infiltración demoníaca en los videos, películas y *shows* televisivos.

Oro contra toda forma de perversión, sexo, lujuria y homosexualidad que están asolando la industria de Hollywood y el atletismo profesional. Ato los demonios asignados contra los ricos y famosos para evitar que conozcan a Cristo. Oro que Dios envíe más obreros a los campos misioneros de Hollywood, Broadway y otros ámbitos de gran exposición. Padre, levanto la industria del modelaje en Estados Unidos y en todo el mundo. Salva a los modelos, y libéralos de depresión, de las presiones de la industria, de los trastornos alimenticios y del suicidio. Oro por los hijos de famosos artistas del rap, actores, actrices y otras personalidades famosas del espectáculo. Oro que no sean atrapados en las telarañas de la fama.

Decreto SALVACIÓN, SALVACIÓN, SALVACIÓN.

Oro contra la injusticia de las leyes del sindicato de Hollywood. Oro que la gente de la industria del entretenimiento de Hollywood sea tratada justamente con respecto a los beneficios, el desempleo y la asistencia médica. Oro para que sus dones no se prostituyan ni se aprovechen de ellos. Oro que las nuevas personas que llegan a Hollywood no entreguen sus cuerpos en favores perversos por empleos. Oro por la unidad entre los actores blancos y negros. Ato las barreras de color y los límites de la raza, y les ordeno que sean quitados.

Oro por ideas dadas por Dios en la industria. Oro por la promoción de *shows* afroamericanos, latinos y asiáticos en televisión, películas y comerciales, en el nombre de Jesús. Señor, que todas las razas estén representadas en la industria. Oro contra todo espíritu de competencia en la industria cinematográfica y musical. Ato el espíritu de cangrejo que hacía que las personas se derribaran unas a otras. Vengo contra el espíritu de traición que opera entre personas que se supone son amigas. Oro por las familias y los matrimonios. Me pongo firme contra el divorcio y los hogares desechos. Ato el espíritu de lesbianismo, prostitución y mujeres extrañas, y los desplazo con la unción de la mujer virtuosa. Ordeno a los homosexuales que se transformen en hombres heterosexuales, y a los hermanos infieles que se arrepientan y se vuelvan poderosos hombres de valor.

Oro contra las violaciones de los medios hacia las celebridades. Ato los espíritus que rigen las revistas de chismes para que invadan la privacidad de las celebridades, en el nombre de Jesús. Ato el abuso de la droga y el alcohol. Desato sobriedad y libe-ración. Son atados los espíritus de locura, suicidio y asesinato, y desplazados por la estabilidad, firmeza y sanidad de la mente.

Amén.

ORACIÓN POR LOS ATLETAS PROFESIONALES

Padre celestial, gracias por los atletas profesionales de todo el mundo.

Bendice a todos los hombres y mujeres que se paran ante el mundo como los guardianes de la actividad deportiva. Gracias, Jesús, por la vocación a la cual tú los has llamado. Oro para que caminen como ejemplo ante los jóvenes que aspiran a ser grandes atletas. Dios, levanta modelos que ejemplifiquen tu amor e integridad.

Oro que las maldiciones generacionales que vienen a través del deporte sean quitadas de la próxima generación. Que el oprobio sea quitado de las cabezas de los atletas que tú has llamado por tu poderoso nombre. Que sean flautistas espirituales que conduzcan a los jóvenes hacia las bendiciones de la salvación.

Vengo contra toda trampa y celada que el enemigo ha preparado contra los atletas. Ato los espíritus de libertinaje y prostitución. Ato los espíritus de homosexualidad y perversión. Oro que el temor de Dios venga sobre los atletas en una etapa temprana de sus carreras para protegerlos de las enfermedades de transmisión sexual. Señor, quita las cortinas de humo y las anteojeras de los atletas causadas por las luces brillantes de la fama. Jesús, después de que se apagan las luces de los estadios y la arena, llena los lugares vacíos de sus corazones con una revelación de tu amor. Ato al espíritu de fama, que hace que un hombre nunca esté satisfecho. Padre, te pido tu cobertura sobre el amplio espectro de los deportes profesionales. Cuida a los atletas profesionales en las especialidades de pesas, fútbol americano, básquet, béisbol, jockey, atletismo, fútbol, los eventos olímpicos y todo otro deporte en los Estados Unidos y alrededor del mundo. Que los propietarios de equipos, técnicos, entrenadores y miembros del staff lleguen a conocer a Jesucristo como Señor y Salvador. Clamo por intercesores que tengan carga por los atletas. Desato asistencia angélica a su favor. La cosecha está madura, y declaro que los trabajadores están estratégicamente ubicados para el evangelismo profético por medio de la actividad del deporte.

Ato los demonios de los buscadores de gloria, competencia, división, contiendas demoníacas, y ato el espíritu de cangrejo del negocio del atletismo. Señor, salva y libera agentes que usarán su influencia para mantener a los atletas en el camino correcto. Ato todo intrigante y estafador que persigue las finanzas de los hombres y mujeres del deporte. Protege a los atletas inocentes de los complots y de los planes del enemigo contra sus finanzas. Ayúdalos a ser buenos mayordomos. El espíritu de mamón es atado. Toca el corazón de los atletas para que tengan mentalidad del reino con sus finanzas. Clamo por los recursos de los atletas profesionales para el reino para apoyar al evangelismo y las ayudas sociales. Bendice, con una unción de doble porción en cada área de sus vidas, a los financistas del mundo del atletismo que dan sinceramente para los ministerios. Declaro y ordeno bendición sobre sus carreras y que la bendición de Obed-Edom esté en sus hogares.

Dios, bendice los hogares de los atletas de todo el mundo. Que en sus dinteles estén el amor, la paz y el gozo. Dales a estos atletas cónyuges piadosos con mentalidad de familia. Ayúdalos a vivir vidas que los mantengan cimentados. Ato los espíritus de fama, ambición demoníaca y presión de grupo de tus enviados en el negocio de los deporte. Dios, gracias que estás tratando con los corazones de quienes has dotado con capacidades atléticas en actividades deportivas de la comunidad, escuelas medias, escuelas secundarias y universidades. Envía tu unción a los campus universitarios para que no prosperen las fortalezas colocadas estratégicamente para esperar y obrar contra el destino de los jóvenes.

Ato los espíritus territoriales de adicción manifestados por medio del alcohol, las drogas callejeras, las drogas prescritas, los tranquilizantes, el juego, el despilfarro y toda otra adicción y obsesión. Desato la incomodidad de las normas sociales en el atletismo, y declaro que estas fortalezas ¡son quebradas ahora, en el nombre de Jesús! Unge a los atletas a quienes has colocado estratégicamente en la actividad para evangelizar a los perdidos del mundo de los ricos y famosos. Señor, da discernimiento a los hombres y mujeres para tratar con toda fuente de los medios. Guárdalos de la vergüenza y del oprobio que no haya sido desatado para tu propósito.

Desato el espíritu de arrepentimiento en los Estados Unidos y en el mundo por la idolatría de los deportes. Ato toda actividad ilegal que opera en oculto e influencia sobre todos los deportes.

Señor, da a los atletas el deseo de buscar el reino de Dios primeramente. Está escrito que todo buena dádiva y todo don perfecto desciende de lo alto del Padre de las luces (Stg. 1:7). Jesús, gracias que los atletas de todo el mundo te darán honor y gloria por los dones que has puesto en ellos para practicar deportes. Oro en el nombre de Jesús.

Amén.

Oración por Israel

Israel, ¡que el Señor te oiga en el día de conflicto!

Que el nombre del Dios de Jacob te defienda. Te envíe ayuda desde su santuario y desde Sion te sostenga. Que Él recuerde todas tus ofrendas y acepte tu holocausto. *Selah.* Te conceda el deseo de tu corazón, y cumpla todo tu consejo. Nos alegraremos por tu victoria, y en el nombre de nuestro Dios levantaremos pendón. Que el Señor conceda todas tus peticiones. El Señor salva a su ungido; responderá a Israel desde su santo cielo con la fuerza salvadora de su diestra. Algunos confían en carros y otros en caballos, mas nosotros confiamos en el nombre del Señor, nuestro Dios. Ellos flaquean y caen mas nosotros nos levantamos y estamos en pie. Salva a Israel, ¡oh Señor! Que el Señor les oiga en el día en que ellos lo invoquen. (Adaptado del Sal. 20.)

Abba, Israel es la tierra de tu pueblo. Ayúdalos a permanecer en tu justicia por tu verdad. Señor, glorifico tu nombre, es exaltado sobre todo. Me pongo de acuerdo con tu Palabra con respecto a tu voluntad para la nación de Israel y de tu pueblo. Levanto a las Fuerzas de Defensa Israelíes (IDF) y a sus familias. Declaro protección sobrenatural sobre todos los que son llamados de tu nombre. Decreto seguridad y provisión específicamente para las ciudades de Asdod, Ascalón, Beerseba, Nahal Oz, Kerem Shalom, Yesha, Erez y todas las otras comunidades de la región.

Que todo cohete del enemigo falle y sea ineficaz. Declaro que ningún éxito se logrará por Hamas, Hezbollah, Al Qaeda y otros jihadistas islámicos. Que la unción de David, Gedeón y Jael sea desatada para que los enemigos de Dios sean abatidos y derrotados. Decreto protección alrededor y dentro de Jerusalén. Que no haya represalias ni actos de violencia contra nadie. Envío huestes angelicales hacia el norte y declaro seguridad en Haifa, los Altos del Golán, Nazaret, Tiberias, Karmiel y otras regiones amenazadas por adversarios potenciales del norte (Líbano, Irán y Siria).

Padre, tú eres *El Shaddai*. Da sabiduría y compasión al ministro de asuntos exteriores Tzipi Livni y al ministro de defensa israelí, Ehud Barak, el Knesser, y a la comunidad de todo el mundo y a sus líderes. Señor, oro por los hijos que están afectados por este tiempo de crisis. Protege tanto a los hijos de Israel como a los palestinos. Que el odio y la venganza no permanezcan como ciclo del plan de Satanás para las generaciones futuras. Que haya una salida para que la gente de esta región experimente tu amor y tu vida, Padre santísimo. Envía auxilio—de alimentos, abrigo, agua, medicamentos, voluntarios profesionales—hacia los heridos y perdidos. Que tu bondad sea vista en este tiempo de gran turbulencia. Sé que todas las cosas ayudan a bien, y tienes todo en tu mano, Padre misericordioso. Que tú estés con el cuerpo de creyentes mientras se afirman y proclaman el nombre de Yeshua en medio de la batalla. Declaro *buen éxito* sobre los creyentes de Israel en el nombre de Yeshua.

Que una unción del creyente sea desatada para que ocurran señales, prodigios y milagros. Oro que Dios transforme en bien lo que el diablo se propuso para mal. Oro que la salvación sea conocida en el pueblo de Israel, quien no cree que el Mesías ha venido. Padre, tú dijiste que bendecirías a quienes bendigan a

Israel. Bendice a los que están en la brecha por la nación de Israel. Declaro que ellos son la niña de tus ojos, y no hay teología que pueda reemplazar esta verdad.

Vengo ante ti, Dios, en el nombre de Yeshua, para declarar derrotado todo acto de terrorismo contra cualquier nación que representa el propósito de Dios. En el nombre del Dios de Abraham, Isaac y Jacob, por medio de la sangre de Yeshua, declaro totalmente derrotado al reino de las tinieblas y todo agente terrenal visible e invisible. ¡Que sean derrotados los enemigos de Israel! Que continua confusión llegue hacia sus planes. Levántese Dios y todos sus enemigos sean esparcidos. Oro especialmente por las ciudades sureñas de la franja de Gaza, Khan Yunis y Rafah. Que se encuentre refugio para quienes buscan la verdadera paz. Señor, tú amas a todos. Pido que tu misericordia cubra los efectos que ésta y todas las guerras causan en la vida de la gente. Levanta tus intercesores para que permanezcan en el muro y se paren en la brecha. Que no le den descanso al verdadero enemigo en el Espíritu. Declaro que las oraciones de los santos están atormentando al reino de las tinieblas y todos sus agentes. Así como las montañas rodean a Jerusalén, así el Señor está alrededor de su pueblo. *El Gibbor*, Poderoso Dios, te alabo de antemano. Tus obras maravillosas, con señales y prodigios, están siendo desatadas en el Oriente Medio. Que las fuerzas naturales de parte de Dios se paren con el ejército de las huestes de Dios y declaren victoria para *malkhut shamayim* (el reino de los cielos).

El Elyon, el Dios Altísimo: gracias por la vida y la abundancia que proviene de ti. Bendice al pueblo de Israel. Que los enemigos reprobados y quienes hicieron voto de odiar al pueblo del Dios Altísimo hasta la muerte sean tratados con severidad.

Yeshua, cumple tu plan para esta trágica situación mientras nos detenemos a mirarte a ti, el autor y consumador de la fe. Que la sanidad y el descanso sean la porción de la tierra durante este tiempo. Declaro que tus promesas son sí y amén sobre Israel y el cuerpo de creyentes. Adonai, libera tu amor en los corazones de tu pueblo, y permite que seamos tu luz en las tinieblas para que tu gloria sea revelada…en la naturaleza y en el carácter de tu Hijo, Yeshua.

Amén.

Oraciones que rompen ligaduras y producen cambios mediante la guerra espiritual

Oración de Pascua para liberación

Padre Dios, en el nombre de Jesús,
te doy gracias por la unción de la
Pascua de liberación.

Decreto y declaro que la última plaga es soltada contra el capataz asignado a mi familia, *¡y que nos dejará ir!* La sangre de Jesús, que cubre todas las entradas de mi morada, libera a cada pariente de mi casa. Dondequiera que mi familia, mis hijos, mi cónyuge y parientes residan, la sangre de Jesús cubre cada entrada, y ningún daño se acercará a nuestra morada.

Caerán mil a un lado y diez mil al otro, pero ningún daño se acercará a nuestra morada. Padre Dios, me baso en la unción del tiempo de la Pascua judía. Como soy un creyente, ésta es mi herencia y la herencia de mi simiente. El mal, la muerte, la calamidad y el daño nos pasarán por alto a mí y a los míos. Me comprometo a no olvidar nunca cómo tú me sacaste, y declaro que sacarás a mi familia conmigo. Recordaré a mis hijos e hijas la unción de la Pascua judía y lo que significa para nuestra familia.

¡Señor!, sé que no es tu voluntad que mis seres queridos queden en Egipto, y te agradezco por sacarlos. Te agradezco que la unción de la Pascua judía incluso vuelve hacia atrás a través de mis generaciones y trae a mis padres, abuelos, bisabuelos y diez generaciones salen conmigo, porque las maldiciones generacionales son quebradas para siempre. Esta unción corre ahora hacia adelante por cien generaciones a través de mi semilla.

En celebración de la Pascua, en los años venideros sacaré la levadura fuera de mi casa. No permitiremos que cosa detestable corrompa nuestra herencia. En cuanto a mí y mi casa, ¡serviremos al Señor! Dios, cuando pases, no verás la levadura de este mundo en mi casa. ¡Declaro el rescate de mi casa! Dios, he pactado contigo, y te conozco no sólo como *El Shaddai* sino también como *Jehová* (el Dios que nos redime, a mi familia y mí).

Me arrepiento de no haberte conocido hasta ahora como *Jehová*. Hoy sé que eres el Único que recobra todo lo que yo había perdido. Te conozco como el Dios poderoso que cambia en luz todo lo que era oscuro en mi vida. Dios, te conozco como el Dios que repone el tiempo perdido cuando lo redime. No estoy limitado por *Cronos* (el dios del tiempo natural). Estoy caminando en mi *kairos* (el tiempo divino), y el tiempo ya no es mi enemigo sino mi amigo. Padre, creo que no sólo nos estás sacando a los miembros de la familia y mí, sino que también estás usando lo que el diablo ha dispuesto para mal, para conducirme a mi destino.

Te agradezco que me hayas dado autoridad para señorear sobre cada capataz asignado contra mi familia y contra mí. Cuando hablo contra la oscuridad que ha venido para llevarnos, ¡hablo de parte de Dios mismo! Decreto y declaro que en cada situación donde el diablo endurezca su corazón contra mí, ocurrirán señales y milagros porque Dios está en la raíz de todo.

Faraón, ¡es medianoche en el Espíritu, y debes dejar ir a mi familia! No tienes elección. Levántate en la noche y dame mis posesiones, para que mi familia y yo podamos adorar al Señor. Ordeno la transferencia de las riquezas del impío para acompañar mi liberación. ¡Deja que cada egipcio que tiene lo que me pertenece sea desnudado, en el nombre de Jesús! La Pascua fue una noche de vigilia, y mis familiares serán centinelas que en conmemoración vigilarán por siempre sobre el muro de la noche.

Amén.

ORACIÓN DE TRINCHERA (CUANDO SE ESTÁ BAJO UN ATAQUE EN GRAN ESCALA)

Padre, en el nombre de Jesús, estoy en el borde de mi Mar Rojo, pero te doy gracias por los milagros que ocurrirán cuando yo enfrente situaciones imposibles.

Gracias por tu gracia salvadora, tu diestra poderosa y tu brazo extendido. ¡Nadie tiene un brazo como el tuyo! Así como llevaste a los hijos de Israel a través del Mar Rojo, sé que estás haciendo lo mismo por mí. Dependo completamente de ti. No hay absolutamente nada que sea imposible para ti, Jesús. Tomo coraje y me reconforto sabiendo que tú eres mi fuerza cuando soy débil. Te llamo *fiel* en medio de lo que parece tan horrible e inexplicable. Mi confianza está en ti, Dios. Me asío de ti y de tu palabra, porque tu palabra no volverá a ti vacía. Espero en tu palabra de devolverme todo lo que perdí o me fue robado, en el nombre de Jesús. Pronuncio Proverbios 6:31 sobre mi vida: todo lo que me fue tomado me será devuelto siete veces. Decreto que ninguna arma forjada contra mí podrá prosperar, y que cada lengua que se levante contra mí evidenciará estar equivocada.

Señor, gracias por ser escudo alrededor de mí. Tú eres mi galardón sobremanera grande, y mi refugio está en ti. Tú eres mi refugio y mi fortaleza. No hay absolutamente nada que pueda separarme de tu amor. Estoy completamente persuadido de que ni la muerte ni la vida, ni ángeles, ni principados, ni poderes, ni lo presente, ni lo porvenir, ni la altura, ni la profundidad, ni ninguna otra cosa creada podrá separarme del amor de Dios. Declaro que tú cumplirás tu propósito en mí. Echo toda mi ansiedad sobre ti porque sé que me cuidas. Señor, cuando me rindo a ti me regocijo. Sé que todas las cosas operan en conjunto para el bien de los que te aman y son llamados de acuerdo con tu propósito. Yo estoy llamado de acuerdo con tu propósito; por lo tanto, sé que esto también pasará. Esto acarreará un gran testimonio y gloria para ti. Señor, gracias por confiarme esta tribulación. Sé que no pondrías sobre mí más de lo que puedo soportar. Este desafío de mi vida está desarrollando paciencia en mí. La paciencia que estoy recibiendo me está dando experiencia, y la experiencia me está dando esperanza. Por la esperanza que estoy extrayendo de esta experiencia, no estaré desilusionado al final.

Ningún espíritu de miedo, preocupación, desesperanza, depresión o preocupación atormentará mi alma. El espíritu de derrota es desplazado por la victoria. No tengo un espíritu de temor; por lo tanto, afirmo audazmente que tengo el espíritu de poder, amor y dominio propio. Señor, tomo autoridad sobre cada espíritu de oposición que viene a contender con tu divino propósito para mi vida. Declaro que cumpliré el destino que has dispuesto para mí, y no seré distraído. Ato el espíritu de distracción que viene a enredarme y desanimarme. ¡No soy movido por lo que veo! Camino por fe y no por vista. Suelto la voz de la fe sobre mi situación y digo que Jehová-Jiré es mi proveedor. Cada necesidad ya está cubierta en lo concerniente a este tema.

No hay carencia en mi vida. Las puertas se están abriendo a mi favor. Me regocijo de saber que nunca me has dejado ni me has abandonado. Prometiste estar conmigo en el problema y salvarme, porque he conocido tu nombre. Gracias por librarme de mi enemigo poderoso.

Jesús, tu nombre es una torre fuerte. Corro a ella y estoy seguro. Todas las adversidades, ataques, catástrofes, calamidades, emergencias, tormentas, desastres, peligros, difamación, acusación, flechas repentinas, traumas y cualquier otra cosa que venga a lastimar a mi familia o a mí no nos dañará, porque estamos cubiertos por la sangre de Jesús. Ato las flechas que vienen de día y los terrores que vienen de noche. Me pongo toda la armadura de Dios para poder estar firme contra las artimañas del malvado. Ciño mis lomos con la verdad y corto toda mentira del enemigo. Me pongo la coraza de la justicia y digo que soy la justicia de Dios. Mis pies son calzados con el evangelio de la paz. Tomo el escudo de la fe y extingo todos los dardos de fuego del maligno. Me pongo el casco de la salvación. La espada del espíritu está en mi mano, y estoy orando sin cesar en el Espíritu.

Soy más que vencedor. Señor, gracias por la unción de prevalecer que me hace triunfar ante la adversidad. Me aferro de los cuernos del altar y me niego a soltarme. Me comprometo a bendecirte en medio de mi problema. Tu divina voluntad para esta etapa de mi vida debe cumplirse. Lo que el diablo ha planeado para destruirme causará mi ascenso y prosperidad. El más Grande está dentro de mí. Ordeno que el poder de la resurrección de Jesús se manifieste a mi favor, en el nombre de Jesús.

Amén.

Oración de guerra territorial

Padre Dios, en el nombre de Jesús, suelto una palabra
espermática en el ámbito del Espíritu para afectar
el ámbito de la tierra para el propósito de Dios.

Yo muero al hombre natural. Cubro nuestras iglesias, sus pastores, congregaciones, ministerios e instalaciones... todo lo que somos, tenemos y poseemos, incluyendo nuestras familias, matrimonios, hijos, trabajos, finanzas, pertenencias, salud, seguridad y bienestar, con la sangre de Jesús.

Ato a Satanás; el espíritu de Beelzebú; el príncipe del norte, del sur, del este y del oeste; el príncipe que está sobre cada continente; el príncipe que está sobre los Estados Unidos; el príncipe que está sobre _____ [el estado en el que usted vive]; el príncipe que está sobre la ciudad de _____ [donde vive]. Ato el príncipe que está sobre este condado, todos los espíritus territoriales, todos los principados, todos los poderes de autoridad (*exousia*) espiritual, los gobernadores de las tinieblas de este siglo, las huestes espirituales de maldad en las regiones celestes y todo espíritu que no sea del Espíritu Santo. Ato el espíritu gobernante asignado sobre las personas de este ministerio y sus familias. Ato todos los espíritus que están sobre, en y debajo de la tierra: todos los espíritus vigías; espíritus escudriñadores; espíritus que escuchan a escondidas; espíritus humanos que viajan por proyección astral; espíritus de adivinación y de brujería; espíritus de superstición; espíritus de

Jezabel, pitón, astucia y anticristo; el espíritu de murmuración; el espíritu de muerte; todo espíritu de difamación, chismes, escándalo, de acusación y falsas acusaciones; todo espíritu de persecución, de juicio, de oposición, de obstaculización, de interferencia y de obstrucción; todos los espíritus que bloquean; todo espíritu de confusión, división, mentira, discordia y argumentos; el espíritu de Acab; y los espíritus de Baalam, Coré y Caín. Ato todo litigio, descontento y espíritus de conflicto. Ato todo espíritu familiar asignado. Ato los espíritus de seducción y los espíritus cautivadores, el orgullo, la presunción, la arrogancia, la incredulidad, la obsesión, la mala voluntad, la distracción, el asesinato, la difamación, la duda, todo espíritu de miedo, y todo espíritu natural.

(El siguiente párrafo está diseñado específicamente para quebrar la brujería.)

Quiebro el poder de la brujería y todas estas manifestaciones. Ato el espíritu del brujo; los espíritus de la brujería india nativa; el espíritu religioso; los espíritus de falta de perdón, amargura, resentimiento, cólera, odio, rabia y la raíz de amargura y malicia; y todo otro espíritu obstaculizador. Ciego el *tercer ojo* de los médiums. Ato todos sus ataques físicos, psíquicos y espirituales; sus misiones y operaciones; toda siembra, obra, plan, actividad, trampa, artimaña, engaño, maldición, maleficio, irritación, fascinación, encantamiento, ardid, ligadura y juicio de brujas y hechiceros; todo acto de maldad, brujería, hechicería, magia, la magia de las velas, la magia de pociones, la magia negra, la magia blanca y la magia contagiosa; todo agüero, cristalomancia o vudú; toda brujería caribeña y sudamericana y misticismo oriental; el movimiento de la nueva era; trabajos de maldiciones y rituales; sacrificios para Satanás. Ato todo pensamiento demoníaco, amenaza, locuciones mentales, declaraciones, o ideaciones y toda maldición autoinfligida a través de la confesión negativa. Ato la imaginería y magnificación y tomo cautivas *todas* estas cosas por *fe* y las llamo canceladas y anuladas, que nunca se manifiesten u ocurran, maldecidas y destruidas desde su raíz, inutilizadas, juzgadas, estropeadas, nunca sembradas, descartadas como vanas imaginaciones y desprendidas de nuestros ministerios, sus personas y familias: inmediata, total y permanentemente.

Corto y amputo todo lazo, vínculo, cordón y atadura de alma con el pecado corporativo o personal, arrepintiéndome y renunciando al pecado —TODO— por la fe confiada y expectante, en el nombre de Cristo Jesús, y decreto que todas estas oraciones se realizan para tu gloria, Padre.

Ahora que estos espíritus están atados, arruino sus cadenas de suministros y líneas de comunicación, y ligo y desconecto todo refuerzo y represalia del enemigo. Hablo y decreto sobre ellos confusión espiritual, sordera espiritual, estupidez, ceguera, parálisis e inhabilitación, todo en el nombre de Cristo Jesús. Lanzo sus planes en la continua confusión y decreto que todas estas cosas están consumadas en el nombre de Cristo Jesús. ¡Decreto que ellos no pueden obstruir, enredar, dañar, engañar, o dividir a nuestro pueblo para frustrar el mover de Dios en el nombre de Jesús! *Suelto* la voluntad perfecta de Dios y el poder sin explotar del Espíritu Santo sobre todos los involucrados en esta visión, y los suelto para caminar en la unción del Espíritu Santo para llevar adelante la perfecta voluntad y el propósito de Dios.

Nos ponemos de acuerdo para que los ángeles ministradores, los ángeles guerreros y ángeles guardianes del Señor Jesucristo sean enviados inmediatamente. Los enviamos para que causen que estas oraciones estén de acuerdo con las palabras que hemos hablado. Padre, en el nombre de Jesús, te agradecemos por la salvación, la liberación y la curación de todas nuestras comunidades, ciudades y nación. Te damos gracias, Dios, por el Cuerpo de Cristo que está trabajando en conjunto la visión de Dios.

Espíritu Santo, atrae a tu pueblo y haz que escuche a dónde estás llevando a tu Iglesia en este tiempo. Tomamos autoridad sobre cada espíritu territorial a través de todos los Estados Unidos y confesamos que esta región fue dedicada a Jesús y le sigue perteneciendo. Su pueblo es libre para orar, alabar y adorar según como el Espíritu lo guía. ¡Satanás está atado! ¡También ato cada espíritu mencionado o no mencionado, conocido y desconocido, que venga a través de cualquier individuo, organización, adversario o posible adversario, en el nombre de Jesús! Tienes prohibido operar contra la visión de Dios, y te ordeno que regreses hasta el punto donde comenzaste. ¡Te envío de vuelta y devuelvo todas las maldiciones que vinieron contigo, en el nombre de Jesús! Los ángeles del Señor te desplazan, y has sido desalojado permanentemente desde este día en adelante.

Amén.

Oración contra las
enfermedades terminales

Padre Dios, en el nombre de Jesús,
te agradezco porque eres el que sana todas las
dolencias y enfermedades terminales.

Gracias que por tu sangre está ganada la victoria sobre cada dardo de fuego del enemigo. Me arrepiento de todo pecado y pido que la falta de perdón, la amargura y el resentimiento sean limpiados de mi corazón. Arrebato todo derecho legal del enemigo a invadir mi cuerpo.

Hablo ahora a la enfermedad terminal, y le digo que debe morir en el nombre de Jesús. Cada crecimiento maligno, tumor, célula rebelde, quiste o maldición de pestilencia se mueren en el nombre de Jesús. Cada anormalidad en el sistema linfático, el sistema circulatorio, el sistema inmune, el sistema endocrino, el sistema muscular, el sistema nervioso, el sistema reproductor, el sistema respiratorio, el sistema esquelético, el sistema urinario y el sistema digestivo deben alinearse con la Palabra de Dios. Hablo a cada espíritu de muerte, al infierno y la tumba, y le ordeno que salga en el nombre de Jesús.

Digo que la dolencia y la enfermedad no pueden esconderse en mi cuerpo. Digo que cada palabra de maldición, maleficio, irritación o susurro hablado contra mí no puede prosperar. La Palabra dice en Marcos 16:18: "Tomarán en las manos serpientes, y si bebieren cosa mortífera, no les hará daño; sobre los enfermos pondrán sus manos y sanarán". Por lo tanto, digo que cualquier terapia o tratamiento médico administrado no me dañará o hará ningún daño, sino que será un instrumento de corrección. Digo que el Señor usará las manos de su ungido y los conocimientos de los médicos como un instrumento de sanidad.

Declaro de acuerdo con Job 33:25 que mi carne será más fresca que la de un niño, y regresaré a los días de mi juventud. Declaro que porque soy un diezmador, el devorador será reprendido para mi bien. Recibo la promesa de que, de acuerdo con el Salmo 103:3, el Señor perdona mis maldades y cura mis enfermedades. Agradezco a Dios por la victoria total en el nombre de Jesús.

Amén.

Oración contra el espíritu de muerte

En el nombre de Jesús, maldigo al espíritu de la muerte sobre mi ciudad, y lo echo de mi familia y de mi propia vida.

El triple cordón de la muerte, el infierno y la tumba ya ha sido derrotado por la preciosa sangre de Jesús. Muerte temprana, muerte en la cuna, muerte súbita, muerte fortuita, suicidio y cualquier forma de muerte son atados y bloqueados. Pronuncio los nombres de los hombres fuertes de la muerte y derribo sus fortalezas:

- Azrael
- Uriel
- Samael
- Grim Reaper
- Lilit
- Padre Tiempo
- Osiris
- Hel
- Izanami
- Shemal
- Thanatos

- Kalma
- Hades

La asignación de la muerte es arrancada de mí y de todas mis futuras generaciones, lo cual incluye la muerte por: (Leer en voz alta.)

- Enfermedades
- Violencia doméstica
- Crímenes violentos
- Muerte en la cuna
- Suicidio
- Delincuencia juvenil
- Aborto y aborto espontáneo
- Terrorismo
- Asaltos
- Accidentes raros
- Violencia pandillera e iniciaciones
- Secuestros aéreos, robos y robos con allanamiento de morada
- Sacrificios ocultos
- Policía organizada y corrupción del gobierno
- Venta de drogas y otros crímenes organizados
- Maldiciones generacionales de enfermedad
- Abuso del débil e inocente

Declaro que ninguno de éstos tendrá poder alguno sobre nosotros—nunca—en el nombre de Jesús. Confieso con el Salmo 68:20 que el librar de la muerte viene del Señor soberano. Declaro que el Señor no me ha entregado a la muerte (Sal. 118:18). Dios, te agradezco que he encontrado sabiduría que engendra la vida de acuerdo con Proverbios 8:35. Tengo el favor de Dios sobre mi vida, porque amo la sabiduría y no me expondré a la muerte. Estoy de acuerdo con Proverbios 12:28 en que en el camino de la justicia está la vida, y en que su camino no lleva a la muerte. La palabra del Señor en Proverbios 10:2 declara que los tesoros de la maldad no serán de provecho, mas la justicia libra de la muerte. ¡Estoy librado de la muerte! ¡Mi cónyuge es librado de la muerte! ¡Mi familia es librada de la muerte! ¡Mi simiente es librada de la muerte! La muerte no tiene victoria sobre mi vida....No tiene ningún aguijón. El espíritu de muerte es atado, y el espíritu de vida es soltado. Llevaré una vida plena y abundante. Viviré y no moriré. La ley de la sabiduría me ha hecho desviar de las trampas de la muerte (Pr. 13:14). No andaré en caminos que parecen correctos, pero cuyo fin es la muerte (Pr. 14:12). Sé que he pasado de muerte a vida, porque amo a las personas (1 Jn. 3:14).

Los que son llevados a la muerte están lejos de nosotros. Nuestras familias no son casas que están en el camino del Seol y conduce a las cámaras de la muerte (Pr. 7:27). Nuestros pies no conducen a la muerte (Pr. 5:5). Porque amamos la sabiduría, no tenemos un pacto con la muerte (Pr. 8:36). Porque no perseguimos el mal, la muerte no es nuestra porción. Somos librados de los mensajeros de la muerte (Pr. 16:14). Hemos pasado de muerte a vida, porque nos amamos unos a otros y comprendemos que odiar es permanecer en el espíritu de muerte (1 Jn. 3:14).

Las emanaciones que encendieron las rutas aéreas para que fluya el espíritu de muerte han caído a tierra. Están bajo nuestros pies y han sido reabsorbidas en los pozos del infierno. La muerte atmosférica está maldita en sus raíces. El *ruwach* del Espíritu Santo lo ha arrastrado. El perfume del resurgimiento está en el aire, y la restauración es soltada siete veces hacia nosotros. Las puertas del infierno, la muerte y el sepulcro no prevalecen contra nuestra ciudad.

Hay vida y muerte en el poder de la lengua, y usamos la vida de nuestra lengua para desplazar al espíritu de muerte. Hablamos la vida multiforme, la vida abundante, una vida céntuple, en el nombre de Jesús. La muerte es sorbida en la victoria. Nuestra rectitud nos libra de la muerte (Pr. 10:2). No hay muerte en los caminos del justo (Pr. 12:28).

La ley del sabio es manantial de vida que nos hace desviar de las trampas de la muerte (Pr. 3:14). Aunque andemos por valle de sombra de muerte, no tendremos temor a ningún mal. El terror que viene de noche ha sido derrocado. Lilit ha sido lanzada de vuelta a su agujero. Servimos al Dios de la salvación, y a Él le pertenece el librar de la muerte (Sal. 68:20, LBLA).

Aunque el Señor nos ha reprendido severamente, no nos ha entregado a la muerte (Sal. 118:18, LBLA). Nos ha dado las llaves de la muerte, el infierno y el sepulcro. Caminamos en esa victoria en nuestra ciudad y en cada condado circundante. Nuestras fronteras están benditas y no pueden ser maldecidas por infiltración de los espíritus de muerte.

Creemos en cada palabra que hemos declarado y creemos que la manifestación del poder de estas palabras será una señal a nuestra ciudad que hará que el gobierno y los medios de comunicación sepan que Jesús es Señor. Como consecuencia, muchas almas serán salvadas.

Amén.

Oración por liberación de las logias masónicas y los santuarios

Padre Dios, quiebro todo acuerdo impío y relación con la Masonería, los Shriners, los Illuminati, logias, hermandades, organizaciones secretas o cualquier otro grupo oculto del que hayamos sido parte mis antepasados y yo.

Tú eres el Creador del cielo y de la tierra. Vengo a ti en el nombre de Jesucristo. Te doy gracias por el pacto abrahámico. Perdono a todos mis antepasados por los efectos de sus pecados sobre mis hijos y sobre mí. Confieso y renuncio a todos mis pecados. Renuncio a Satanás y a cada poder espiritual que afecte a mi familia.

En el nombre de Jesucristo, renuncio y quiebro los poderes de la brujería a la que me abrí yo mismo y mi familia. Renuncio a los espíritus de *bafomet*, Baal, Horus, el espíritu de anticristo, espíritus de muerte y todo poder impío que gobierne sobre estas organizaciones. Renuncio a la inseguridad; el amor a las posiciones y al poder; el amor al dinero, la avaricia o la codicia; y el orgullo que llevan a las personas a estas organizaciones demoníacas.

Renuncio y echo de mi familia y de mí todo temor lanzado sobre los participantes iniciados en estas organizaciones. Las reconozco como sectarias e impías. Quiebro los poderes de intimidación que gobiernan sobre estas organizaciones. El miedo a la muerte, el temor del hombre y el miedo a confiar en Dios son echados lejos de mí en el nombre de Jesucristo. La ansiedad, la depresión, la opresión, la obsesión, el daño emocional, la confusión, el miedo a la oscuridad, el miedo a la luz y el miedo a los ruidos súbitos son echados lejos de mí. Renuncio a la ceguera a la verdad espiritual, a la oscuridad del alma, la falsa imaginación, el aire de superioridad y el espíritu de pobreza, en el nombre de Jesús. El miedo de ahogarse en la noche, los espíritus de pesadilla, los espíritus íncubos, los espíritus súcubos y cada espíritu de maraña son atados y bloqueados en mi vida cuando duermo. Cada espíritu causante de asma, fiebre del heno, enfisema, dificultad respiratoria, dureza emocional, apatía, indiferencia, incredulidad y cólera profunda son atados y bloqueados en mi vida, en el nombre de Jesús.

Cada espíritu soltado a través de golpes mortales a la cabeza en rituales que representan el homicidio no puede fluir a través de mi genealogía. El miedo a la muerte, el falso martirio, el miedo al ataque de pandillas, asaltos y la indefensión resultante de estar en un ataúd durante una iniciación, están malditos desde la raíz, en el nombre de Jesús. Cada espíritu que fue soltado hacia mí para vendarme los ojos o engañarme es secado desde su raíz. El cable de remolque que fue atado alrededor de mi cuello es soltado de mí, y ninguna atadura residual puede influenciarme como un yugo. Los electrochoques, las palizas o cualquier otra forma de tormento y técnica de tortura son borrados de mi vida psicológica y espiritual. También renuncio y quiebro el poder de la ceremonia de boda que me casó a la organización por el anillo. Esta ceremonia no usurpará la autoridad sobre mi matrimonio de la esposa que Dios me ha dado. Renuncio al broche de serpiente sobre el mandil y al espíritu de pitón que trajo para drenar la vida espiritual fuera de mí.

Renuncio a las antiguas enseñanzas paganas de Babilonia y Egipto y al simbolismo del rastreo de la primera tabla. Renuncio a la mezcla y fusión de la verdad y el error. Reconozco la mitología, la invención y las mentiras enseñadas como verdad a través de estas organizaciones, como engañosas y deshonestas. Señor, expón a los líderes que tienen verdadero conocimiento de los rituales y que hacen que mujeres y hombres inocentes hagan cosas blasfemas contra Dios.

Señor, te agradezco por cerrar las puertas de las maldiciones generacionales soltadas a través de estas organizaciones para atrapar a mi familia. Renuncio a cada puesto que hayamos tenido en estas organizaciones, cualquiera de mis antepasados o yo mismo.

Renuncio a llamar a un hombre "maestro", "maestro venerable" o cualquier otro título que pudiera ser considerado idólatra por Dios. Quiebro cada maldición enviada a través de mi línea de sangre por cualquier antepasada rechazada por su marido a través de la desconfianza, el aislamiento y la lealtad a organizaciones secretas. Renuncio a todas las consecuencias de haber hecho durante mi iniciación votos de que mi oreja derecha sería cortada o sería maldecido con sordera permanente. Renuncio a los votos hechos durante mi iniciación de que mi mano derecha sería cortada y sería contado como un impostor en la organización. Renuncio al castigo de que mi lengua sería escindida desde la raíz por el voto hecho durante mi iniciación. Renuncio al voto que hice de que mi pecho sería abierto y mis órganos vitales retirados y expuestos para pudrirse sobre un estercolero. Renuncio al castigo de haber hecho un voto de tener mis manos cercenadas en los muñones, arrancar mis ojos de sus órbitas, y de tener mi cuerpo cortado en cuartos y arrojado entre la basura del templo. Renuncio al castigo de tener mis pulgares cortados, mis ojos arrancados, mi cuerpo atado con grillos y cadenas y ser llevado como cautivo a una nación extraña. Renuncio al voto que hice de que mi casa fuera destrozada y yo fuera colgado y expuesto sobre un madero. Renuncio al voto que hice según el cual mis globos oculares serían perforados con una hoja de triple filo. Renuncio a mi asociación específica con los Shriners. Renuncio a la maldición del despellejamiento de los pies que vino cuando caminé sobre las arenas ardientes de Arabia. Renuncio a la demencia del desierto y la adoración del falso Dios (Alá) como Señor. Me arrepiento de aceptar dejar la Biblia y tomar el Corán. Renuncio al simulacro de ahorcamiento, al simulacro de decapitación, al simulacro de beber la sangre de la víctima y al simulacro del perro que orina durante la iniciación. Me arrepiento por haber dado una ofrenda de orina como conmemoración. Quiebro los poderes que vienen desde las posiciones del sol, la luna y las estrellas de estas organizaciones demoníacas. Especialmente quiebro el poder de la Estrella del Perro.

Gracias, Padre, que todos los votos, las obligaciones, los juramentos, las penalidades y las maldiciones promulgados o pronunciados contra mi cuerpo son removidos en el nombre de Jesús. Quiebro la maldición de todas las contraseñas secretas, las señales, los movimientos, apretones de manos, territorios, y edificios en lugares celestiales, en el nombre de Jesús. Suplico la sangre de Jesús sobre mi cuerpo. No experimentaré fallas de órganos internos, tumores, cánceres, aplopejías, enfermedades del estómago, de la garganta y de la lengua, o enfermedades de la sangre, por haber revelado los secretos de estas organizaciones. Tengo salud divina en el nombre de Jesucristo. Soy curado por sus llagas. No tengo que ser golpeado por haber sido iniciado en organizaciones secretas. Jesús recibió la golpiza por mí sobre la cruz.

Padre, quiebro el control de los espíritus del segundo cielo que gobiernan sobre nuestro gobierno, jefes de estado, provincias, ciudades, sistema judicial y todo puesto de autoridad que esté enraizado en organizaciones secretas. Quiebro el control de toda forma de antiguas religiones, filosofías, astronomía, adivinación, budismo, islamismo, hinduismo, la nueva era y cualquier otro poder del que estas organizaciones secretas extraen poder y se fortalecen.

Padre, envía tus ángeles para confundir y desplazar cualquier credo o declaración hecha y soltada en los cielos por estas organizaciones.

Amén.

ORACIÓN DE CONFESIÓN
DEL PECADO SEXUAL

Padre Dios, en el nombre de Jesús, renuncio a
cualquier maldición generacional que me conecte
con cualquier tipo de perversión sexual.

Me arrepiento en nombre de mis antepasados que cometieron pecados sexuales cuatro generaciones antes de mí. La maldición es echada fuera de mi simiente y de mí. Me arrepiento de cualquier pecado sexual personal y habitual que ha resultado en la formación de una fortaleza demoníaca en mi vida. Cierro todas las puertas que pueden haber sido abiertas a través del abuso sexual en la infancia, la adolescencia o la adultez.

Renuncio a cualquier herida emocional, corazón destrozado o rechazo que pueden haber abierto puertas a la rebelión en el área del pecado sexual en mi vida. Renuncio y cierro todas las puertas que fueron abiertas a través de relaciones interpersonales traumáticas, maldiciones autoinfligidas a través de confesiones negativas o maldiciones habladas contra mí por otros, a sabiendas o por ignorancia. Renuncio a los espíritus que pueden haber ganado acceso a través de actos sexuales ritualistas, incesto, violación, vejación, hechizo, fascinación, encantamiento, brujería, satanismo, vudú, hechicería, o cualquier otro tipo de magia. Tomo autoridad sobre cualquier ligadura de alma o fragmento de mi pasado que pueda atormentar mi vida actual.

Yo derribo y renuncio a todo pensamiento inconsciente, locuciones mentales, ideaciones o espíritus que atan la mente o la ciegan. Uso el ariete de la Palabra de Dios contra el espíritu del perro, el ello, la libido, los deseos impíos y las obras de la carne. No estoy sujeto a los poderes de estos agentes de ejecución contra mi alma. Me niego a someterme al hombre fuerte de Jezabel, y renuncio al espíritu de prostitución del templo.

Presento voluntariamente mi cuerpo, como un sacrificio viviente, a Dios y a la sangre de Jesús. Mis lomos son ceñidos con la verdad. Señor, suelta a tus ángeles a mi favor hoy (ángeles ministradores, ángeles guardianes y ángeles guerreros). Padre, te agradezco por tu intervención sobrenatural en mi situación. Deja que las palabras de mi boca y la meditación de mi corazón sean aceptables delante de ti, oh Señor, mi fortaleza y mi redentor.

Amén.

Oración de confesión para salir de la homosexualidad y el lesbianismo

Padre Dios, he tomado la decisión de salir del estilo de vida que sé que es una abominación ante tus ojos.

Me arrepiento por haber permitido que el diablo me convenciera de escoger este estilo de vida en vez del que es santo y aceptable a ti. Me arrepiento de haber permitido que los deseos perversos de mi carne tuvieran dominio sobre mí. Renuncio a cada lazo del alma de cada persona con la que he tenido sexo pecaminoso. Renuncio a la perversión de este estilo de vida. Declaro que lo odio, porque no puedo ser liberado de lo que amo. Amo a las personas que están atadas a la homosexualidad, pero odio els estilo de vida. Es una abominación ante el Señor.

Renuncio a la brujería que viene con la homosexualidad y el lesbianismo. Eso en lo cual he participado a sabiendas, o que sin saberlo me ataría a lo sobrenatural demoníaco, está bajo mis pies. Padre, líbrame de la vergüenza y el dolor que llegan con ese estilo de vida. Aunque mi carne experimentó el placer demoníaco, mi alma estaba siempre en agitación. Anuncio abiertamente que no quiero llevar más una vida de mentiras. Mi sumisión a la homosexualidad y el lesbianismo estaba diciendo que Dios no sabía lo que hacía cuando me creó. Fui creado para ser un hombre o una mujer. He sido perfecta y maravillosamente hecho a la imagen de Dios. Dios no es el autor de la confusión. Cierro las puertas de mis oídos a las mentiras de los enemigos que dicen que yo había nacido gay y nunca podría ser liberado. Declaro: "Una vez gay, ¡no siempre gay"! A quién el Hijo hace libre es verdaderamente libre. Estoy liberado. Cierro las puertas de mis ojos a espíritus seductores que intentan atraerme hacia mi mismo sexo. *¡Amo más a Dios!* Las perversiones que una vez disfruté y a las que di libre entrada en mi mente no existen más. Señor, me arrepiento de haber ido en contra del orden natural de las cosas. Declaro la verdad de Romanos 1, que dice que la homosexualidad y el lesbianismo es antinatural. Derribo cada imaginación de ese estilo de vida que trata de exaltarse sobre el conocimiento de Dios.

Padre, te doy gracias por cambiar mi mentalidad, mi atmósfera y mis asociaciones. No quiero que mis sacrificios sean una abominación para ti. Y no quiero seguir conformándome y sujetándome a las palabras y la autoridad del programa homosexual. He elegido "salir de en medio de ellos" y unirme a la familia de la fe. Me arrepiento por todas las personas a quienes he reclutado para unirse a esta legión de la oscuridad. Me arrepiento por todas las almas a las que he llevado por el sendero equivocado por razones de disfrute carnal. ¡Le doy la espalda al diablo! Decido no seguir caminando por el sendero ancho, sino mantener mis pasos en el camino angosto y recto. Entiendo que tu Hijo, Jesús, asumió todos mis pecados de homosexualidad, de lesbianismo, sobre la cruz, y estoy redimido. Me arrepiento por cada vez que cometí este pecado y lo volví a crucificar.

Señor, renuncio a toda impureza de la Internet, libro, todas las películas, reuniones sociales, u otras cosas en las que participé, que bombardearon mi alma. Renuncio al orgullo gay y a cada señal y símbolo de ese estilo de vida. Vengo contra la visión del arco iris que representaba un pacto entre el diablo y yo. Quiebro el poder de las palabras que pronuncié en secreto para enjaular las almas de personas inocentes y atraerlas hacia ese estilo de vida. Renuncio al lenguaje que hablé y que correspondía a ese estilo de vida. Me arrepiento de mirar las relaciones sexuales con personas del mismo género de una manera que no es aceptable a ti. Me arrepiento de haber deseado a personas de mi mismo sexo, fantasear acerca del mismo sexo y participar en cualquier comportamiento con personas del mismo sexo, lo que es considerado una abominación a tus ojos.

Señor, me arrepiento de poner mi afecto en las cosas de esta tierra en lugar de hacerlo en las cosas de arriba. Me arrepiento de poner la creación antes que mi Creador. Aplico la sangre de Jesús sobre mi mente, y te agradezco por no permitir que yo fuera entregado a la reprobación. Quiero ser completamente liberado y que mi mente sea renovada. Sé que es un proceso. Llévame de un nivel a otro y de gloria en gloria. Ya tengo la victoria. Señor, permíteme llegar a ser un abogado que clame contra la estrategia homosexual secreta y sus planes, para que otros hombres y mujeres pueden ser efectivamente libres.

Renuncio al portero de la homosexualidad y el lesbianismo (íncubos y súcubos) ahora mismo, en el nombre de Jesús. Mi cuerpo está cubierto por la sangre de Jesús, y no seré seducido por demonios en mis sueños.

Renuncio a la masturbación y quiebro todo espíritu familiar y maldición generacional. Mis pecados no afectan mis generaciones. La maldición es quebrada, y las bendiciones van hacia delante, hasta mil generaciones. Oro cuatrocientos años atrás a través de mi línea ancestral. Mi linaje está bendito y libre de perversión. Declaro que mi cuerpo es el templo del Dios viviente. Echo fuera cada deseo homosexual o lésbico de mi corazón. Sé que Jeremías 17:9 dice: "Engañoso es el corazón más que todas las cosas", y no confío en mi corazón: ¡confío en Jesús!

Renuncio a estar de acuerdo con los matrimonios gays, las uniones civiles y las sociedades domésticas. Renuncio y ato los espíritus de confusión, rechazo, sodomía, soledad, depresión, suicidio, opresión y espíritus atormentadores. Ato el espíritu de Leviatán que me dio la falsa osadía y confianza que tuve mientras vivía este estilo de vida. Declaro el Salmo 139:14: "Te alabaré; porque formidables, maravillosas son tus obras; estoy maravillado, y mi alma lo sabe muy bien".

¡Dios sabía qué estaba haciendo cuando me creó! No creo que yo sea un error o que haya nacido con el sexo equivocado. Todas las cosas viejas pasaron; soy una nueva criatura en el nombre de Jesús.

Amén.

Oración contra la agenda homosexual oculta (o matrimonios del mismo sexo)

Padre Dios, en el nombre de Jesús, ordenamos que el círculo vicioso de la agenda homosexual oculta sea cortado de raíz.

Estamos ante ti como pueblo de Dios parados sobre la Palabra de Dios. Dijiste en tu Palabra que todo lo que atemos en la tierra será atado en cielo. Sabemos que la homosexualidad ya está atada en el ámbito de la tierra. Estamos firmes en la brecha en la tierra para que la verdad no caiga en las calles. Declaramos que los principios de justicia entrarán en nuestros hogares, comunidades, ciudades, estados, nación y el mundo.

Todas las perversiones del programa homosexual oculto se mantendrán lejos. Tomamos autoridad sobre cada principado, poder espiritual, espíritu gobernante y toda maldad espiritual en los lugares altos. Atamos cada espíritu territorial establecido en nuestro gobierno para tomar decisiones respecto a leyes de esta tierra que son diseñadas en contra del evangelio de Jesucristo. Oramos que toda infiltración de legislación para el efectivo apoyo de los propósitos del plan homosexual sea derribada en el espíritu y eso se manifieste en las leyes resultantes. Desafiamos a cada organización que esté bajo el control del espíritu del anticristo.

Clamamos por la sangre de Jesús sobre todas las próximas decisiones que influirán en los matrimonios del mismo sexo, las uniones civiles y las sociedades domésticas. Atamos los espíritus que en el año 2000 fueron soltados en California desde los torbellinos concernientes a las sociedades domésticas. Atamos los espíritus que fueron soltados en las turbulencias de Vermont, en julio 2000, con respecto a las uniones civiles. Atamos los espíritus que fueron soltados de las turbulencias de Massachusetts en febrero de 2004 con respecto a los matrimonios del mismo sexo.

Maldecimos el orgullo gay desde la raíz, y declaramos que no es nada de lo cual estar orgulloso; que es una abominación a los ojos del Señor. Venimos contra los que desafían el significado de cada color de tu estandarte. Atamos al hombre fuerte del Leviatán, el rey de los hijos del orgullo, y despojamos de toda autoridad a la fuerza de su cuello. Como pueblo de Dios, declaramos abiertamente que el matrimonio es santo y consagrado al Señor para incluir a un hombre y una mujer. Encaramos cualquier mentira que diga alguna cosa distinta.

Venimos contra la brujería que está funcionando entre bastidores sobre el programa secreto homosexual. Atamos teosofía, teomancia y toda forma conocida y desconocida de trabajo oculto entre bastidores. Atamos cualquier fuego contrario de los miembros gays, pastores y otros líderes del Cuerpo de Cristo que tienen una asignación encubierta. Padre, abrimos nuestras bocas y clamamos misericordia. Te agradecemos, como pueblo que se adelanta al tiempo, por tu intervención sobrenatural en esta causa. Alegamos nuestro caso ante el tribunal superior de todas las creaciones. Declaramos que los matrimonios seguirán siendo como el Señor lo ha ordenado, y que cualquier terreno que haya sido ganado respecto a este asunto se derrumbará cuando el Señor envíe un viento Euroclidón. Este viento destruirá todo lo que no es como Jesús y solamente permanecerá su voluntad.

Amén.

Oraciones que cambian el matrimonio y las relaciones familiares

ORACIÓN POR LA SANTIDAD
DEL MATRIMONIO

Señor, te damos gracias por el matrimonio santo.

Renunciamos a cuanto secularice el matrimonio. El matrimonio es santo y consagrado a Dios, nuestro Creador. Declaramos que los matrimonios reconocidos por Dios ante sus ojos, son solamente los de un hombre y una mujer. Padre, nos arrepentimos de cualquier pecado que por generación, asociación o encantamiento pueda corromper la santidad del matrimonio.

Nos basamos en la unción de los fundamentos de lo que Dios quiso que el matrimonio fuera. ¡Que los pilares de la rectitud sean grandes piedras de integridad, para que lo que Dios ha definido que el matrimonio sea, permanezca! Confesamos que nuestro fundamento no será comprometido. Oramos para que los santos tomen una actitud radical contra cualquier oposición que se forme contra la verdadera esencia del matrimonio. Estamos de acuerdo en que no puede haber ningún arreglo de diferencias, a través de mutuas concesiones, que modifique el hecho de que Dios estableció el matrimonio como la unión entre un varón y una hembra. Tampoco es posible ninguna concurrencia de opiniones para deliberar sobre lo que Dios ha ordenado para el matrimonio. Creemos que nuestra postura sobre el matrimonio es correcta, porque estamos alineados con el Único que es recto.

Nos basamos en la unción de *tsad-deek* (rectitud). Toda ley que se oponga a los principios de Dios sobre este asunto probará ser errónea. Soltamos a los ángeles del Señor para influenciar a nuestro favor cada votación, reunión legislativa y sala de tribunal en los niveles local, estatal y nacional. Declaramos que si Dios es por nosotros, nada puede estar contra nosotros. Como el Señor es estrictamente recto, nos mantenemos firmes en lo que creemos. Soltamos nuestra fe en la verdad. Nos paramos firmes, incorruptibles y completos en nuestra resolución de no sólo mantener sino también levantar el estándar del matrimonio en Estados Unidos. Atamos el espíritu de *poneria* que causaría que el estándar del matrimonio fuera degradado. Venimos contra toda perversidad espiritual en lugares altos relacionada con la degeneración del matrimonio. El enemigo ha entrado como un río, ¡pero *Dios levantará su estandarte!*

Declaramos que el matrimonio es fructífero, como Dios dictó que fuera en el huerto del Edén. Atamos todo ataque de fuentes mediáticas negativas; estrategias ocultas adversas contra el reino de Dios; conspiraciones y confederaciones organizadas; espíritus seculares humanistas antimatrimonio; y espíritus de violencia que infringen la ley de Dios por concepciones equivocadas, y exigen ser vistos como correctos.

Decretamos que el plan bíblico de Dios para el matrimonio invalida todo antiguo espíritu de adoración a Baal, de sodomía, a los demonios anteriores al Diluvio, al *gameo* (matrimonio del mismo sexo), y cualquier otro estilo de vida y forma de adoración que esté arraigado en la perversión.

Entramos en el arca de Dios. Mantenemos firmemente que las leyes concernientes a matrimonios de personas del mismo sexo, uniones civiles, sociedades domésticas o cualquier otro nombre para relaciones extrañas al plan que Dios tiene para un hombre y una mujer, son contadas como ilegales en el espíritu. Las maldecimos a la raíz y declaramos que su ilegitimidad manifestará la verdad en los corazones de las personas en Estados Unidos. Estarán firmes y votarán bien (por la rectitud). Oramos que los miembros de ministerios de afirmación gay, ministerios de inclusión y la estrategia homosexual subterránea se amotinen, sean maravillosamente liberados y se unan a nosotros para luchar. También rogamos que cada pastor, ministro o santo que esté practicando en secreto la homosexualidad se arrepienta y sea liberado. Atamos estas maldiciones, que no podrán operar dentro de las paredes de la iglesia, para que tengamos mayor autoridad fuera de esas paredes. Rogamos que cada ministro que respalda en secreto estilos de vida y programas homosexuales (de acuerdo o mediante contribuciones financieras), permita que Dios trate su corazón y sea liberado. Oramos en el nombre de Jesús.

Amén.

Oración por las relaciones matrimoniales

Padre, en el nombre de Cristo Jesús, te dedicamos totalmente nuestra relación matrimonial.

Renunciamos a la institución del matrimonio hecha por el hombre y nos consagramos al matrimonio santo. Tú engendraste el matrimonio, y nos sometemos completamente a su cobertura de acuerdo con tus preceptos y tu Espíritu Santo. Nuestro matrimonio está ungido, y cada yugo debe inclinarse y ser cauterizado en el nombre de Jesús. Nos arrepentimos de los pecados de nuestros antepasados, y las maldiciones que llegaron por línea sanguínea son cauterizadas cuatro generaciones hacia atrás. Renunciamos a cada maldición que haya venido a través de nuestra unión y nos declaramos libres. No sólo nuestro matrimonio está bajo un cielo abierto, sino que también los matrimonios de nuestros hijos serán benditos durante mil generaciones. Nuestro lecho matrimonial es bendito, nuestras finanzas son benditas, los hijos de nuestra unión son benditos, y los que son de cualquier otra unión ahora son cubiertos por esta bendición gracias a la sangre de Cristo. Nuestro hogar y nuestros negocios son benditos.

Las bendiciones de Abraham bajan hacia nosotros y nos toman, porque hemos dedicado nuestras vidas a obedecer los preceptos de Dios. Las maldiciones no tienen poder sobre nosotros.

Renunciamos a toda influencia exterior impía sobre nuestro matrimonio, de miembros de la familia, socios o relaciones previas. Todo lazo y vínculo es roto y la magia simpática está bajo nuestros pies. Atamos todo recuerdo que el enemigo pudiera presentarnos de los desafíos anteriores. Atamos el espíritu de Hydra para que no pueda levantar la cabeza. Todas las cosas viejas han pasado, y en nuestro matrimonio todas las cosas han sido hechas nuevas. Nuestro matrimonio está creciendo hacia Dios, de un nivel a otro y de gloria en gloria.

Nos ponemos de acuerdo y atamos la magia blanca, la magia de poción, la magia de velas, la magia imitativa, la magia defensiva, la magia contagiosa, la fonovidencia, la maldición de los parientes políticos, la seudoresponsabilidad, los conocidos impíos enviados contra nuestra relación y la rebelión contra la perfecta voluntad de Dios para nuestras vidas. Atamos la imaginería, la magnificación, las locuciones mentales, los espíritus bloqueantes, toda idea fija, las maldiciones a través de la confesión negativa y la operación de los recuerdos *acásicos* contra dónde estamos actualmente en Dios. Atamos la perversión sexual y la echamos fuera de nuestra familia, y tomamos autoridad sobre el espíritu quebrantador de pactos. Renunciamos a todos los ídolos y los sacamos permanentemente de nuestros corazones y de nuestros hogares, en el nombre de Jesús. Atamos la fascinación, el encantamiento, el asesinato, la murmuración, la vejación, la confusión, la división, la desconfianza, la deshonestidad, la deslealtad, la sospecha, el celibato, la impotencia, el espíritu de zombi, el espíritu de guerra, el espíritu de hipocresía, la tensión financiera y los argumentos que promueven desacuerdos financieros, y atamos el espíritu del consejo impío. Lilit, Lamia, Acab, Jezabel, Ismael, Aracnia, Batman y Poltergeist: ¡salgan fuera, nuestra casa le pertenece a Jesús! Y ahora que todas estas fuerzas han sido atadas, liberamos la perfecta voluntad de Dios para nuestra familia. ¡Declaramos que en lo que respecta a esta casa, *nosotros serviremos al Señor!*

Amén.

Oración de guerra para las amas de casa

Padre, gracias por enseñarles a mis manos a hacer la guerra.

Gracias porque toda mi familia es salva y está cubierta con la sangre de Jesús. Como sierva del Señor, te presento mi cuerpo como sacrificio vivo, santo y aceptable, que es mi culto racional a ti. Gracias porque la unción de Jael es fuerte sobre mi vida. La misma unción que estuvo sobre Rut como mujer virtuosa de Dios está sobre mi vida. Me baso en el legado espiritual de la mujer de Proverbios 31. Este legado dice que soy una mujer de guerra. Soy una mujer acaudalada, de fortuna y riquezas, y una fuerza para ser tenida en cuenta, porque mi fortaleza está en mi Dios.

No tendré miedo de los enemigos que cruzan el umbral de mi casa. Doy la bienvenida a cada desafío que se ha manifestado en mi familia para que pueda ser convenientemente tratado. Los espíritus ya no se quedarán alrededor de mi casa o sobre mi cabeza. ¡Mi familia es efectivamente libre! No tengo temor de enfrentar los secretos ocultos y enemigos que me asechan. Poseo una estaca y un martillo en el espíritu, y el enemigo será muerto en mi casa. No hay posibilidad de transigir entre mis enemigos y yo. Expulsé de mi casa al espíritu acomodaticio.

Cuando el enemigo entra en mi casa, lo cubro con el manto de la sangre de Jesús para prepararlo para la destrucción. Cada enemigo de mi familia será juzgado y destruido. El espíritu de Débora en mi vida ya lo ha declarado. Los ángeles están alineados sobre mi situación, y ya tengo la victoria. Cuando el enemigo me pida agua, le daré leche. Cuando el enemigo me pida que dé falso testimonio, hablaré la verdad. Estoy ungida para matar a mi enemigo sin hacer ruido. Como manda 2 Corintios 10, estoy lista para castigar cada espíritu insubordinado que quiera exaltarse por sobre el conocimiento de mi Dios. Estoy firme ante mi Dios con un clavo en una mano y un martillo en la otra. Estoy firme bajo la autoridad apostólica de mi liderazgo espiritual y mi esposo. (Damas solas, Jesús es su esposo.)

Ato el poder de cada Sísera que trate de esconderse en mi casa. Mi confesión es que cada intruso está sujeto a la autoridad que Jesús me ha dado sobre su cabeza. Renuncio a cada espíritu que está asignado territorialmente a mí como mujer. Del espíritu de Atalía al espíritu de Vasti, renuncio a su misma presencia. Renuncio al residuo del cráneo, las manos y los pies de Jezabel, y digo que todas las puertas para la manipulación y el control están cerradas en mi vida. Tengo autoridad en mis manos (*yawd*) para aplastar al enemigo y su simiente (*zera*). Me baso en la unción de la enemistad que Dios ha puesto en mí.

Soy una mujer de Dios lista para el combate, y mi espíritu está en alerta contra las artimañas del diablo. Cada flecha de día y terror nocturno debe someterse a la autoridad de Jesucristo. Soy llamada a hablar en nuevas lenguas, echar fuera demonios, colocar mis manos sobre los enfermos y tomar en mis manos serpientes y pisotearlas. Pisotear serpientes abre un sendero para que los dones del Espíritu fluyan libremente en la tierra para que el reino de Dios pueda venir. Padre, ¡declaro que ese reino ha venido y que tu voluntad será hecha! En cuanto a mí y mi casa, *serviremos* al Señor. Gracias por enseñarme que mis manos hacen guerra.

Amén.

ORACIÓN POR SU SIMIENTE

Haga esta oración junto con la del "comandante de la mañana" cuando el Señor se lo indique. Capture el día de sus hijos antes de que salga el sol. Ore con ellos antes de que se acuesten por la noche y antes de que salgan de la casa. Enséñeles a ponerse toda la armadura de Dios y a que no ignoren las artimañas del enemigo. Lo suelto para ir y quebrar los poderes del enemigo para declarar el destino de sus hijos, en el nombre de Jesús.

Padre Dios, en el nombre de Jesús,
te agradezco por la salvación, sanidad,
liberación y prosperidad de mis hijos.

Me arrepiento de los pecados y maldades de mi pasado o presente que puedan obrar sobre las vidas de mis hijos en un modo negativo. Llamo a mis hijos por sus nombres (nombrar a cada hijo). ¡Cada enemigo oculto y secreto que opera entre bastidores en sus vidas está bajo el reflector del Espíritu Santo, descubierto para siempre!

Mando que cada pecado generacional de mi vida y de las vidas de mis antepasados sea desconectado de su herencia ahora, en el nombre de Jesús. Clamo la sangre de Jesús sobre el ombligo de mi hijo. Las bendiciones, no las maldiciones, fluirán sobre mis hijos. Cada cordón umbilical demoníaco es cortado. Todas las herencias que circulan con rebeldía a través de mi línea de sangre son cortadas de ellos para siempre. Todo espíritu devorador de destino es reemplazado por el ángel del destino del Señor. Camino en la autoridad que Jesús me ha dado sobre mi simiente. Quiebro los poderes de la presión de grupo y de asociaciones impías. Mis hijos irán delante y no atrás. Ellos no están atados e influenciados por el "espíritu del mundo". Cada círculo vicioso que está gobernando sobre la cabeza de mis hijos mediante asociación, encantamiento o influencia generacional es destruido por el torbellino del Señor. Las maldiciones autoinfligidas mediante la confesión negativa son quebradas. Todas las palabras negativas habladas sobre mis hijos por ignorancia o con intención son borradas. Hago que las puertas que, legal o ilegalmente, han abierto un camino para que la actividad demoníaca opere en las vidas de mis hijos estén cerradas para siempre. Toda semilla negativa que ha sido sembrada en las vidas de mis hijos mientras estaban dormidos son desarraigadas. Las tierras en barbecho son quebrantadas, y las semillas del Señor las desplazan. Cada punto de entrada por una pesadilla o visión oscura a través de la actividad astral está continuamente cerrado.

Aplico la sangre de Jesús sobre mis hijos cuando duermen por la noche. Mando un dulce sueño y el reposo divino sobre ellos. ¡Íncubos y súcubos y toda otra forma de perversión, son atados en el nombre de Jesús! Tomo autoridad sobre los terrores que vienen de noche y declaro que cuando el sol se levante brillará sobre mi simiente. La voluntad de Dios ha capturado el día de mis hijos. ¡Cumplirán el llamado del Señor y serán llamados benditos!

Principados, poderes y huestes espirituales de maldad en lugares altos no tienen dominio sobre mis hijos. Las rutas aéreas espirituales son prósperas sobre las cabezas de mis hijos, y vivirán vidas plenas. Las estadísticas de los hijos del mundo no los superarán, porque son hijos de la luz. Los semblantes de mis hijos brillarán sobre los hijos del mundo. No comerán de la porción del rey, sino que serán continuamente transformados a la imagen de Cristo. Mis hijos están en el mundo entero, pero no son del mundo. Las riquezas del impío van en camino de ser de ellos. Los paganos serán su herencia. Poseerán las puertas de sus enemigos y los desplazarán. El dios del cosmos es atado y no puede prosperar contra ellos. Mis hijos pueden discernir la diferencia entre lo que es santo y lo que es común. No serán emboscados o engañados por fetiches encubiertos (personas, lugares o cosas con demonios adjuntos). Las fronteras están siendo extendidas para mis hijos; ¡ellos se levantarán y exigirán espacio para vivir! La rebelión, la desobediencia y la incredulidad no tienen ningún dominio sobre mi simiente. Circuncido a mis hijos con un cuchillo afilado (la Palabra del Señor) y los arrebato fuera de los caminos del incircunciso. Mis hijos son acaudalados, sabios y están en posición de recibir de Dios. Hablarán sobre su simiente las palabras que hablo sobre ellos. Mis hijos no serán sacados prematuramente de este mundo por la enfermedad, los accidentes, los incidentes o las preocupaciones. Vivirán vidas largas, prósperas y servirán a Dios eternamente. Esta es la herencia de mi simiente durante mil generaciones. Permite que estas palabras sean programadas para siempre en los cielos.

Amén.

Oración por la posteridad
(Basada en 1 Crónicas 29)

Padre, en el nombre de Jesús, te agradezco
por la visión para construir tu casa.

Jesús, te reconozco como la cabeza de la casa. Bendigo tu santo nombre por la prosperidad y el favor que has volcado sobre nosotros. Ahora, más allá de esa prosperidad, recibo la posteridad que ha sido soltada voluntariamente desde mi líder espiritual. Prometo que seré uno de quienes continuaremos desarrollando la visión de Dios con mi herencia. Me baso en la unción que está sobre la vida de mi líder, y recibo la doble porción. Recibo la bendición generacional del manto que está cayendo sobre mí ahora. Recibo la autoridad de mando que hará que una bendición de mando me siga donde vaya y descanse pesadamente sobre todo lo que persiga. Permite que las bendiciones, el favor, la sabiduría, la prosperidad, la posteridad y el conocimiento de la cabeza sean mi porción. Permite que también los hijos de mis hijos participen de esta herencia. Las cuerdas del Espíritu han recaído sobre mí y mis hijos en lugares deleitosos, y declaro que tenemos una buena herencia.

Prometo ser un buen administrador de mi herencia y un guardián de mi patrimonio. Mi linaje espiritual es contagiosamente próspero. Doy mis ofrendas a Dios desde un corazón íntegro e inocente. Por mi obediencia voluntaria y compromiso, el pueblo de Dios se regocija. Padre, te bendigo y adoro. La grandeza, el poder, la gloria, la victoria y la majestad son tuyos para siempre. Reconozco que los cielos y la tierra son tuyos. Tuyo es el reino. A ti te corresponde ser exaltado como cabeza sobre todo. Tanto la riqueza como el honor vienen de ti, y tú reinas sobre todo. En tus manos están el poder y la fuerza. Con tus manos harás grande a tu pueblo y lo fortalecerás en todo. Gracias, Señor, por los atributos que tu nombre denota.

Me pregunto a mí mismo: "¿Quién soy yo para conservar la fuerza y el poder para dar al Señor voluntariamente?". La res-puesta de mi corazón es que todas las cosas vienen de ti. Cuando te doy, es literalmente de tu propia mano. Soy un extranjero y un peregrino, y estoy cansado del mundo. Mis días en la tierra son como una sombra, y no tengo esperanza o expectativa de quedar para siempre. No encuentro placer en lo temporal. Mi esperanza está en lo que es eterno.

Señor, deja que mi corazón siga siendo probado por la santidad de tu presencia y el poder de tu nombre santo. Déjame morar en la rectitud de corazón. Ésta es mi porción por la que puedo continuar dando voluntariamente y siendo un humilde receptor del flujo de tu santa abundancia. Señor, que como un verdadero hijo, yo pueda adquirir y mantener un corazón inocente para guardar tus mandamientos, testimonios y estatutos, para continuar haciendo lo que se requiera de mí para terminar tu visión. Te doy gracias porque tú ya has hecho previsión para ello.

Amén.

Oración por la próxima generación

Padre Dios, en el nombre de Jesús,
levanto a la próxima generación.

Ato el espíritu del *kosmokrator*. Vengo contra el espíritu que quiere poner el foco sobre el mundo para hacerlo aparecer más hermoso y deslumbrante de lo que realmente es. Declaro que este espíritu ha sido atado y reducido a la debilidad y la impotencia. Declaro que la generación que está naciendo tendrá sed y hambre por las cosas de Dios. Suelto guerreros de oración en las escuelas primarias, las escuelas medias, las escuelas secundarias y las universidades. Libera tu unción, Dios, en las escuelas técnicas, las escuelas de estética y cualquier otro lugar de entrenamiento y educación. Señor, unge a personas jóvenes para representarte en el mercado, en Hollywood, en los ruedos políticos, en el atletismo profesional y otras actividades que influyen en la vida de la gente joven.

Quiebro la maldición de la generación sin padre. Jesús, te agradezco porque el espíritu del padre ha sido soltado en esta nación. Ato todo espíritu horrible de aborto. Trata con los poderes involucrados en el derramamiento de sangre inocente en la tierra. Señor, ¡permite que cada trampa, plan perverso y estratagema malvada que se fijó contra el nonato, sea quebrada ahora, en el nombre del

¡Señor! Los dispositivos en contra de los hijos desde el útero hasta la universidad están rotos.

Ato cada espíritu perverso que venga contra los hijos. Íncubos y súcubos, masturbación, homosexualidad, pornografía, incesto, abuso sexual, violación y otros delitos sexuales o espíritus de violación, ustedes no robarán la pureza de los niños. Declaro que cada imaginación perversa que se exalta contra el conocimiento de Dios es arrojada al suelo y destruida. Declaro que las personas jóvenes caminarán en su porción y no se avergonzarán del evangelio de Jesucristo. La influencia de la presión de grupo no seguirá atormentando y tumbando a los jóvenes. Ellos brillarán como una luz en la cima de una colina y guiarán a otros al reino. Dios, tu Palabra dice que si eres levantado, atraerás a los hombres hacia ti. Declaro que la próxima generación te levantará.

Declaro la osadía del Espíritu Santo en hombres y mujeres jóvenes para hablar los mandamientos del Señor y caminar en una firme obediencia a Dios. Profetizarán con precisión, enseñarán con exactitud, liderarán con autoridad apostólica, ganarán almas con el fuego del evangelismo y serán pastores con corazones para alimentar a las ovejas. Se acostarán con hambre del Señor en sus vientres y se despertarán con sed de Dios en sus bocas.

Todas las maldiciones generacionales son quebradas. Las bendiciones y la unción del Señor se están esparciendo e impregnando a través de la línea de sangre de la próxima generación. Sus hogares serán lugares de paz, y habitarán, heredarán y poseerán la tierra. Las maldiciones de la economía de esta generación no atormentarán a la próxima generación. El espíritu de la *buena administración* es la porción de la próxima generación.

Declaro que la indolencia y la pereza no pueden prosperar en las personas jóvenes que dirigirán nuestra nación mañana. Tendrán buen éxito y no fallarán. Caerán mil a un lado, y diez mil al otro, pero ningún daño se acercará a las moradas de la próxima generación. La rebelión y el rechazo están siendo desprendidos de nuestros hijos. Son desplazados por el espíritu de mansedumbre y de verdad. Fe y gozo son soltados a los próximos portadores de la antorcha del Señor. Señor, suscito salmistas, músicos, intercesores, misioneros, pastores, escritores, apóstoles del mercado, equipos de ministerio y financistas para sostener la visión del evangelio de Jesucristo.

Ato el espíritu que haría que las personas jóvenes se tatúen y perforen sus cuerpos. Ato el suicidio, el alcohol y el uso de drogas. Cada puerta para lo demoníaco es cerrada en la música, las películas, los videojuegos y la Internet. Los demonios soltados a través de MySpace, Facebook y toda otra modalidad de transporte para demonios sobre la ruta aérea de la Internet son atados. Ato el significado subliminal del WWW, que representa al 666, y ato a la bestia de la Internet. Señor, sé que muchas buenas cosas ocurren en la Internet en tu nombre, ¡pero los poderes de las cosas detestables que fluyen en la vida de nuestros hijos están rotos!

Cada espíritu de idolatría soltado para seducir a la siguiente generación está arruinado. Las operaciones encubiertas de adoradores del diablo, los Five Percenters, fraternidades estudiantiles masculinas y femeninas, masones y Shriners, cabezas rapadas, los Panteras Negras, los nuevos Panteras Negras, pandillas callejeras y toda otra organización que tenga influencia negativa sobre personas jóvenes están atados y bloqueados. Derribo las fortalezas de las imágenes del mundo liberadas por la industria cinematográfica, la televisión y los medios de comunicación. El espíritu de Medes está atado y no puede controlar las mentes de la próxima generación a través del humanismo secular, el movimiento de la nueva era, la cienciología y los otros movimientos que promocionan valores que no se alinean con la santidad y el mantenerse firme en Cristo.

Padre, permite que nuestros hijos estén concentrados incondicionalmente en ti.

Amén.

Escrituras para confesar sobre sus hijos

Reyes serán tus ayos, y sus reinas tus nodrizas; con el rostro inclinado a tierra te adorarán, y lamerán el polvo de tus pies; y conocerás que yo soy Jehová, que no se avergonzarán los que esperan en mí.

—Isaías 49:23

Habla a Aarón y a sus hijos y diles: Así bendeciréis a los hijos de Israel, diciéndoles:
Jehová te bendiga, y te guarde;
Jehová haga resplandecer su rostro sobre ti, y tenga de ti misericordia;
Jehová alce sobre ti su rostro, y ponga en ti paz."
Y pondrán mi nombre sobre los hijos de Israel, y yo los bendeciré.

—Números 6:23–27

Y los hijos de José hablaron a Josué, diciendo: ¿Por qué nos has dado por heredad una sola suerte y una sola parte, siendo nosotros un pueblo tan grande, y que Jehová nos ha bendecido hasta ahora?

—Josué 17:14

Y la mujer dio a luz un hijo, y le puso por nombre Sansón. Y el niño creció, y Jehová lo bendijo. Y el Espíritu de Jehová comenzó a manifestarse en él en los campamentos de Dan, entre Zora y Estaol.

—JUECES 13:24–25

Eres el más hermoso de los hijos de los hombres; la gracia se derramó en tus labios; por tanto, Dios te ha bendecido para siempre.

—SALMO 45:2

Porque fortificó los cerrojos de tus puertas; bendijo a tus hijos dentro de ti.

—SALMO 147:13

Ahora, pues, hijos, oídme, y bienaventurados los que guardan mis caminos.

—PROVERBIOS 8:32

Camina en su integridad el justo; sus hijos son dichosos después de él.

—PROVERBIOS 20:7

Se levantan sus hijos y la llaman bienaventurada; y su marido también la alaba:

—PROVERBIOS 31:28

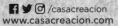

Para vivir la Palabra

www.casacreacion.com

Te invitamos a que visites nuestra página web donde podrás apreciar la pasión por la publicación de libros y Biblias:

www.casacreacion.com

Para vivir la Palabra